Carsten Schöne

Abbildung betriebswirtschaftlicher Tatbestände mit H
Datenbanksysteme

Carsten Schöne

Abbildung betriebswirtschaftlicher Tatbestände mit Hilfe mehrdimensionaler Datenbanksysteme

Diplom.de

Bibliografische Information der Deutschen Nationalbibliothek:

Bibliografische Information der Deutschen Nationalbibliothek: Die Deutsche Bibliothek verzeichnet diese Publikation in der Deutschen Nationalbibliografie; detaillierte bibliografische Daten sind im Internet über http://dnb.d-nb.de/ abrufbar.

Copyright © 1999 Diplomica Verlag GmbH
Druck und Bindung: Books on Demand GmbH, Norderstedt Germany
ISBN: 978-3-8386-3052-6

http://www.diplom.de/e-book/218766/abbildung-betriebswirtschaftlicher-tatbestaende-mit-hilfe-mehrdimensionaler

Carsten Schöne

Abbildung betriebswirtschaftlicher Tatbestände mit Hilfe mehrdimensionaler Datenbanksysteme

Diplomarbeit
an der Ruhr-Universität Bochum
Fachbereich Wirtschaftswissenschaften
Dezember 1999 Abgabe

Diplomarbeiten Agentur
Dipl. Kfm. Dipl. Hdl. Björn Bedey
Dipl. Wi.-Ing. Martin Haschke
und Guido Meyer GbR

Hermannstal 119 k
22119 Hamburg

agentur@diplom.de
www.diplom.de

ID 3052

ID 3052
Schöne, Carsten: Abbildung betriebswirtschaftlicher Tatbestände mit Hilfe mehrdimensionaler
Datenbanksysteme / Carsten Schöne -
Hamburg: Diplomarbeiten Agentur, 2001
Zugl.: Bochum, Universität, Diplom, 1999

Dipl. Kfm. Dipl. Hdl. Björn Bedey, Dipl. Wi.-Ing. Martin Haschke & Guido Meyer GbR
Diplomarbeiten Agentur, http://www.diplom.de, Hamburg 2001
Printed in Germany

Diplomarbeiten Agentur

Wissensquellen gewinnbringend nutzen

Qualität, Praxisrelevanz und Aktualität zeichnen unsere Studien aus. Wir bieten Ihnen im Auftrag unserer Autorinnen und Autoren Wirtschaftsstudien und wissenschaftliche Abschlussarbeiten – Dissertationen, Diplomarbeiten, Magisterarbeiten, Staatsexamensarbeiten und Studienarbeiten zum Kauf. Sie wurden an deutschen Universitäten, Fachhochschulen, Akademien oder vergleichbaren Institutionen der Europäischen Union geschrieben. Der Notendurchschnitt liegt bei 1,5.

Wettbewerbsvorteile verschaffen – Vergleichen Sie den Preis unserer Studien mit den Honoraren externer Berater. Um dieses Wissen selbst zusammenzutragen, müssten Sie viel Zeit und Geld aufbringen.

http://www.diplom.de bietet Ihnen unser vollständiges Lieferprogramm mit mehreren tausend Studien im Internet. Neben dem Online-Katalog und der Online-Suchmaschine für Ihre Recherche steht Ihnen auch eine Online-Bestellfunktion zur Verfügung. Inhaltliche Zusammenfassungen und Inhaltsverzeichnisse zu jeder Studie sind im Internet einsehbar.

Individueller Service – Gerne senden wir Ihnen auch unseren Papierkatalog zu. Bitte fordern Sie Ihr individuelles Exemplar bei uns an. Für Fragen, Anregungen und individuelle Anfragen stehen wir Ihnen gerne zur Verfügung. Wir freuen uns auf eine gute Zusammenarbeit

Ihr Team der *Diplomarbeiten* Agentur

Dipl. Kfm. Dipl. Hdl. Björn Bedey
Dipl. Wi.-Ing. Martin Haschke
und Guido Meyer GbR

Hermannstal 119 k
22119 Hamburg

Fon: 040 / 655 99 20
Fax: 040 / 655 99 222

agentur@diplom.de
www.diplom.de

Abstract

Gegenstand dieser Arbeit ist es, zu untersuchen, inwieweit durch Kennzahlen und Kennzahlensysteme formulierte betriebswirtschaftliche Tatbestände mit Hilfe eines analyseorientierten mehrdimensionalen Datenbanksystems in einer Form abgebildet werden können, die sich an der Sichtweise des Managements auf entscheidungsrelevante Daten orientiert.

Zunächst werden dazu betriebswirtschaftliche Kennzahlen und Kennzahlensysteme begrifflich abgegrenzt und klassifiziert. Nach einer kurzen Vorstellung vier verschiedener Kennzahlensysteme wird untersucht, welches von diesen am ehesten eine am Bedarf des Managers orientierte Informationsversorgung gewährleistet. Dieses dient als Grundlage für die spätere Umsetzung in einem entsprechenden mehrdimensionalen Datenbanksystem.

Anschließend werden dazu die mehrdimensionalen Datenbanksysteme in den Zusammenhang der betrieblichen Informationssysteme eingeordnet und die ihnen zugrundeliegenden Datenstrukturen näher erläutert. Deren Relevanz in der praktischen Anwendung wird in den darauffolgenden Abschnitten betrachtet. Gegenstand der weiteren Untersuchung sind die Vorgehensweisen zur Erstellung eines Modells des wiederzugebenden Kennzahlensystems. Ein Vergleich verschiedener Ansätze führt zu der Auswahl eines Vorgehensmodells, das im weiteren Verlauf der Arbeit angewendet wird.

Darauf aufbauend erfolgt die Verknüpfung des betriebswirtschaftlichen und DV-technischen Teils. Dabei wird anhand der ausgewählten Vorgehensweise ein Modell des zugrundeliegenden Kennzahlensystems erstellt, das mit Hilfe der zuvor diskutierten Beschreibungsmittel dargestellt wird.

Der Erstellung des Modells folgt dessen Implementierung im zur Verfügung stehenden OLAP-Tool (*Hyperion Essbase 5.0.2*). Dessen für diese Arbeit relevante Komponenten und deren Benutzungsoberflächen werden vorgestellt und kritisch bewertet. Im Anschluß daran wird untersucht, inwieweit die vorher nur theoretisch analysierten Datenstrukturen tatsächlich umgesetzt werden können. Probleme und Lösungen sowie Möglichkeiten und Grenzen des Werkzeuges werden ebenfalls diskutiert.

Eine Zusammenfassung mit Ausblicken beendet die Arbeit. Ein Anhang gibt einen zusätzlichen Einblick in die Art der werkzeugspezifischen Präsentation des Kennzahlensystems – einerseits aus der Perspektive des Datenbankadministrators in Form des implementierten logischen Datenmodells – andererseits aus Anwendersicht in Form des mit Daten bestückten Kennzahlensystems.

Inhaltsverzeichnis

Abstract

Inhaltsverzeichnis III

Tabellenverzeichnis VII

Abbildungsverzeichnis VIII

Abkürzungsverzeichnis X

1   Einleitung 1

2   Darstellung betriebswirtschaftlicher Tatbestände mit Hilfe von
    Kennzahlen und Kennzahlensystemen 3

    2.1 Betriebswirtschaftliche Tatbestände 3

    2.2 Kennzahlen 6

        2.2.1 Einordnung und Klassifikation 7

        2.2.2 Kennzahlen in der Betriebswirtschaft 9

        2.2.3 Aufgaben, Ziele und Grenzen 11

    2.3 Kennzahlensysteme 13

        2.3.1 Begriff des Kennzahlensystems 13

        2.3.2 Aufgaben und Anforderungen aus Sicht der Betriebswirtschaftslehre ... 14

        2.3.3 Kennzahlensysteme in der Praxis 16

            2.3.3.1 DuPont-Kennzahlensystem 16

            2.3.3.2 Kennzahlensystem des Zentralverbandes der elektrotechnischen
                     Industrie (ZVEI) 18

            2.3.3.3 Das RL-Kennzahlensystem 20

            2.3.3.4 Balanced Scorecard 21

        2.3.4 Auswahl eines Kennzahlensystems zur Modellierung 24

    2.4 Kritische Würdigung 27

3   Modelle und Modellierungsmethoden für mehrdimensionale
    analyseorientierte Datenbanksysteme 29

    3.1 Analyseorientierte Informationssysteme – ein Überblick 29

        3.1.1 Betriebliche Informationssysteme 30

        3.1.2 Datenbanksysteme im Kontext betrieblicher Informationssysteme 33

3.2 Modelle zur Abbildung mehrdimensionaler Datenstrukturen
in mehrdimensionalen Datenbanksystemen..35

   3.2.1 Datenmodelle – Abgrenzung und Betrachtungsebenen..................................36

      3.2.1.1 Datenmodellbegriff und Abstraktionsebenen..................................36

      3.2.1.2 Bestandteile eines Datenmodells..39

      3.2.1.3 Relationale Datenmodelle...40

      3.2.1.4 Mehrdimensionale Datenmodelle..41

      3.2.1.5 Multicube und Hypercube...43

   3.2.2 Konstrukte zur Abbildung mehrdimensionaler Datenstrukturen
im Hyperwürfel..45

      3.2.2.1 Variablen und Kennzahlen...45

      3.2.2.2 Dimensionen..45

      3.2.2.3 Dimensionspositionen..46

      3.2.2.4 Hierarchien...47

   3.2.3 Operationen 52

3.3 Einsatzfelder analyseorientierter Datenbanksysteme..54

   3.3.1 Data Warehouse 55

      3.3.1.1 Historischer Überblick 55

      3.3.1.2 Anforderungen 56

      3.3.1.3 Aufbau 58

      3.3.1.4 Organisationsformen 60

      3.3.1.5 Datenmodellarten..61

   3.3.2 On-Line Analytical Processing 62

      3.3.2.1 Definition und historischer Überblick..62

      3.3.2.2 Anforderungen 63

      3.3.2.3 Ausprägungen und Organisationsformen 64

      3.3.2.4 Aufbau 64

      3.3.2.5 Datenmodellarten..65

3.4 Vorgehensweisen bei der Modellierung..66

   3.4.1 Generelle Vorgehensmodelle...67

   3.4.2 Vorgehensmodelle bei der Entwicklung von Datenbanksystemen 69

   3.4.3 Besonderheiten bei mehrdimensionalen Datenbanksystemen 71

3.4.3.1 Modellierungsvorschlag von Gabriel und Gluchowski 72

3.4.3.2 Ansatz von Totok und Jaworski 73

3.4.3.3 Der Ansatz von Bulos 74

3.4.3.4 Vorgehensmodell von Hyperion zu Essbase 75

3.4.4 Würdigung und Auswahl eines Vorgehensmodells 76

3.5 Anwendungsbezogene Auswahl von Modellen und Vorgehensweisen
als kritischer Erfolgsfaktor 77

4 Modellierung eines Kennzahlensystems für ein analyseorientiertes
mehrdimensionales Datenbanksystem 80

4.1 Kennzahlen des betriebswirtschaftlichen Problembereichs 80

4.1.1 Finanzwirtschaftliche Perspektive 81

4.1.2 Kundenperspektive 84

4.1.3 Interne Perspektive 85

4.1.4 Innovations- und Wissensperspektive 86

4.2 Dimensionen, Dimensionspositionen und Hierarchien 88

4.2.1 Dimensionen 88

4.2.1.1 Finanzwirtschaftliche Perspektive 88

4.2.1.2 Kundenperspektive 89

4.2.1.3 Interne Perspektive 89

4.2.1.4 Innovations- und Wissensperspektive 89

4.2.2 Dimensionspositionen und Hierarchien 89

4.3 Verknüpfung von Dimensionen und Kennzahlen 91

4.3.1 Finanzwirtschaftliche Perspektive 91

4.3.1.1 Umsatz und Deckungsbeitrag 92

4.3.1.2 Umsatzrentabilität, Gewinn und fixe Kosten 92

4.3.1.3 Umschlagshäufigkeit, investiertes Kapital, Anlagevermögen
und Umlaufvermögen 93

4.3.1.4 Return on Investment 93

4.3.2 Kundenperspektive 93

4.3.2.1 Beschwerdequote, Absatzmenge, Anzahl der Beschwerden 94

4.3.2.2 Auslieferungszeit 94

4.3.3 Interne Perspektive 94

4.3.3.1 Ppm-Fehlerquote, fehlerhafte Teile, Absatzmenge..................................94

4.3.3.2 Stichprobenquote, Stichprobenteile...95

4.3.4 Innovations- und Wissensperspektive...95

4.4 Zusammenfassung...95

5 Implementierung des Datenmodells mit Hilfe von
Hyperion Essbase OLAP-Server...102

5.1 Komponenten...102

5.2 Benutzungsoberfläche..103

5.2.1 Application Manager...104

5.2.2 Microsoft Excel Spreadsheet Add-in..105

5.3 Datenmodell in Essbase...106

5.3.1 Statische Strukturen..107

5.3.1.1 Einfache Hierarchien..107

5.3.1.2 Hierarchien mit variierender Pfadlänge.................................107

5.3.1.3 Parallele Hierarchien..108

5.3.1.4 Heterarchien...108

5.3.1.5 Kennzahlenhierarchien...109

5.3.1.6 Zusammenfassung...109

5.3.2 Dynamische Elemente..110

5.4 Implementierung – Probleme und Lösungen bei der Anwendung.......110

5.5 Möglichkeiten und Grenzen..112

5.6 Kritische Bewertung..114

6 Zusammenfassung und Ausblick..115

Literaturverzeichnis...119

Anhang A – Finanzwirtschaftliche Perspektive......................A–1

Anhang B – Kundenperspektive..A–5

Anhang C – Interne Perspektive..A–7

Anhang D – Innovations- und Wissensperspektive..................A–9

Tabellenverzeichnis

Tabelle 1:   Kennzahlensystem-Vergleich 24

Tabelle 2:   Datenblatt ROI 82

Tabelle 3:   Datenblatt Kapitalumschlagshäufigkeit und Umsatzrentabilität 83

Tabelle 4:   Datenblatt Gewinn und Investiertes Kapital 83

Tabelle 5:   Datenblatt Umsatz, Deckungsbeitrag und fixe Kosten 83

Tabelle 6:   Datenblatt Anlage- und Umlaufvermögen 84

Tabelle 7:   Datenblatt Beschwerdequote und Umsatz pro Kunde 85

Tabelle 8:   Datenblatt Beschwerden, Kundenanzahl und Absatz 85

Tabelle 9:   Datenblatt ppm-Fehlerquote und Stichprobenquote 86

Tabelle 10:   Datenblatt fehlerhafte Teile und Stichprobenteile 86

Tabelle 11:   Datenblatt Umsetzungsquote und Umsetzungsquote (Mitarbeiter).................87

Tabelle 12:   Datenblatt eingereichte Vorschläge, umgesetzte Vorschläge,
               Anzahl der Mitarbeiter 87

Tabelle 13:   Spitzenkennzahlen der Balanced Scorecard-Perspektiven 96

Tabelle 14:   Dimensionen zur Betrachtung der Balanced Scorecard 96

Abbildungsverzeichnis

Abbildung 1: Struktur von Unternehmen 4

Abbildung 2: Das DuPont-Kennzahlensystem 17

Abbildung 3: Betriebliche Informationssysteme 30

Abbildung 4: Kreuztabelle bei zweidimensionaler Betrachtung 43

Abbildung 5: Einfache Hierarchie 48

Abbildung 6: Hierarchie mit unterschiedlicher Pfadlänge 49

Abbildung 7: Parallele Hierarchie 50

Abbildung 8: Heterarchie 51

Abbildung 9: Kennzahlenhierarchie 52

Abbildung 10: Slicing und Dicing 53

Abbildung 11: Nesting 54

Abbildung 12: Komponenten des Data Warehouse 58

Abbildung 13: Dimension Zeit 97

Abbildung 14: Dimension Ausprägung 97

Abbildung 15: Dimension Produkt 98

Abbildung 16: Dimension Verkaufsregionen 98

Abbildung 17: Dimension Kundensegmente 99

Abbildung 18: Dimension Mitarbeiter 99

Abbildung 19: Kennzahlendimension der finanzwirtschaftlichen Perspektive 100

Abbildung 20: Kennzahlendimension der Kundenperspektive 100

Abbildung 21: Kennzahlendimension der internen Perspektive 101

Abbildung 22: Kennzahlendimension der Innovations- und Wissensperspektive 101

Abbildung 23: Application Manager 104

Abbildung 24: Essbase Spreadsheet Add-in 105

Abbildung 25: Einfache Hierarchie in Essbase 107

Abbildung 26: Parallele Hierarchie in Essbase 108

Abbildung 27: Kennzahlenhierarchie in Essbase 109

Abbildung A – 1: Outline finanzwirtschaftliche Perspektive .... A – 1

Abbildung A – 2: Kennzahlen finanzwirtschaftliche Perspektive 1 .... A – 3

Abbildung A – 3: Kennzahlen finanzwirtschaftliche Perspektive 2 .... A – 4

Abbildung A – 4: Outline Kundenperspektive .... A – 5

Abbildung A – 5: Kennzahlen Kundenperspektive 1 .... A – 6

Abbildung A – 6: Kennzahlen Kundenperspektive 2 .... A – 6

Abbildung A – 7: Outline interne Perspektive .... A – 7

Abbildung A – 8: Kennzahlen interne Perspektive 1 .... A – 8

Abbildung A – 9: Kennzahlen interne Perspektive 2 .... A – 8

Abbildung A – 10: Outline Innovations- und Wissensperspektive .... A – 9

Abbildung A – 11: Kennzahlen Innovations- und Wissensperspektive 1 .... A – 10

Abbildung A – 12: Kennzahlen Innovations- und Wissensperspektive 2 .... A – 10

Abbildung A – 13: Kennzahlen Innovations- und Wissensperspektive 3 .... A – 11

Abbildung A – 14: Kennzahlen Innovations- und Wissensperspektive 4 .... A – 11

Abkürzungsverzeichnis

ANSI	American National Standards Institute
BFuP	Betriebswirtschaftliche Forschung und Praxis
BSC	Balanced Scorecard
DDL	Data Definition Language (Datendefinitionssprache)
DSS	Decision Support System(s)
DV-Anlagen	Datenverarbeitungsanlagen
EIS	Executive Information System(s)
EUS	Entscheidungsunterstützungssystem(e)
FIS	Führungsinformationssystem(e)
FN	Fußnote
HMD	Handbuch der modernen Datenverarbeitung/Theorie und Praxis der Wirtschaftsinformatik
i.d.R.	in der Regel
i.S.v.	im Sinne von
IuK-System	Informations- und Kommunikationssystem
IuK-Technik	Informations- und Kommunikationstechnik
MIS	Managementinformationssystem(e)
	Management Information System(s)
MDB	Mehrdimensionale/Multidimensionale Datenbank
MOLAP	Multidimensional OLAP
MSS	Management Support System(s)
MUS	Managementunterstützungssystem(e)
OLAP	On-Line Analytical Processing
OLTP	On-Line Transaction Processing
ReWe	Rechnungswesen
ROI	Return on Investment
ROLAP	Relational OLAP
S.	Seite
Sp.	Spalte
SPARC	Standards Planning and Requirements Committee

WiSt	Wirtschaftswissenschaftliches Studium - Zeitschrift für Ausbildung und Hochschulkontakt
ZfB	Zeitschrift für Betriebswirtschaft
ZfbF	Zeitschrift für betriebswirtschaftliche Forschung
ZfP	Zeitschrift für Planung
ZVEI	Zentralverband der elektrotechnischen Industrie e.V.

1 Einleitung

Kennzahlen und Kennzahlensysteme als analytische Planungs- und Kontrollinstrumente stellen ein wesentliches und wichtiges Instrument zur Führung von Unternehmen dar. Sie sollten deshalb zentraler Betrachtungsgegenstand managementunterstützender computerbasierter Informationssysteme sein.[1]

Bei einer Analyse der Einflußfaktoren entscheidungsrelevanter Größen in Form von Kennzahlen oder gar umfangreichen Kennzahlensystemen tritt allerdings das Problem auf, daß diese in herkömmlichen operativen Datenbanksystemen nicht unbedingt vorgehalten werden. Bei der Bereitstellung entscheidungsrelevanter Informationen für das Management stoßen die in erster Linie für die Ausführung der täglichen Transaktionen entwickelten und ausgelegten operativen Datenbanksysteme somit schnell an ihre Grenzen.

Deshalb werden für diese Art der Informationsversorgung Konzepte benötigt, die den Anforderungen des Managements nach einer ihren Bedürfnissen entsprechenden effizienten und effektiven Informationsbereitstellung gerecht werden.

Letztendlich war es der als Begründer der für operative Zwecke eingesetzten relationalen Datenstrukturen geltende *Edgar F. Codd*, der 1993 ein geeignetes Konzept propagierte. „OLAP" ist das Schlagwort, unter dem analysetaugliche Datenbanksysteme entwickelt und angeboten werden, die eine einfache Navigation in großen Datenbeständen, orientiert an der Sichtweise des Managements, versprechen.[2]

Das Ziel dieser Arbeit besteht darin, zu untersuchen wie durch Kennzahlen und Kennzahlensysteme ausgedrückte betriebswirtschaftliche Tatbestände mit Hilfe eines solchen analyseorientierten Datenbanksystems in einer Form wiedergegeben werden können, die sich an der Sichtweise des Managements auf die entscheidungsrelevanten Daten orientiert.

Dies erfordert (in Kapitel 2) zunächst eine Auseinandersetzung mit dem Gebiet der betriebswirtschaftlichen Kennzahlen und Kennzahlensysteme. Ziel ist es dabei, sowohl für Kennzahlen als auch für Kennzahlensysteme ein einheitliches Begriffsverständnis zu etablieren, Klassifizierungsmöglichkeiten aufzuzeigen, aber auch Möglichkeiten und Grenzen dieser Analyseinstrumente im Zusammenhang mit den zu erfüllenden Aufgaben zu diskutieren. Anschließend wird untersucht, welchen Anforderungen ein modernes Kennzahlensystem genügen muß, um tatsächlich als

---

[1] Vgl. Holthuis (1998a), S. 144.
[2] Vgl. Codd/Codd/Salley (1993), S. 1ff.

Instrument der Planung, Steuerung und Kontrolle im Unternehmen herangezogen zu werden. Ein Vergleich von vier praktisch angewandten Kennzahlensystemen dient der Auswahl eines Systems, das die Grundlage für die spätere Darstellung in einem mehrdimensionalen Datenbanksystem bildet.

Das folgende dritte Kapitel ordnet die Datenbanksysteme in den Zusammenhang der betrieblichen Informationssysteme ein und konzentriert sich auf die den analyseorientierten mehrdimensionalen Datenbanksystemen zugrundeliegenden Datenstrukturen. Diese werden näher erörtert, um deren Besonderheiten gegenüber den operativen Datenbanksystemen in bezug auf die Abbildung von Kennzahlensystemen herauszustellen. Anschließend wird ihre Relevanz in der praktischen Anwendung analysiert.

Im Rahmen des Software Engineering spielt bei der Entwicklung von Datenbanksystemen der Teilprozeß der Datenmodellierung eine bedeutende Rolle. Eine problemadäquate Vorgehensweise ist dabei von essentieller Bedeutung und Gegenstand der weiteren Betrachtung. Aus verschiedenen Vorgehensmodellen zur Erstellung eines Datenmodells wird eine Synthese für die Verfahrensweise im anschließenden praktischen Teil dieser Arbeit gebildet.

In Anwendung des in Kapitel 3 entwickelten Vorgehensmodells wird in Kapitel 4 ein geeignetes Modell des in Kapitel 2 ausgewählten Kennzahlensystems entworfen. Dabei werden die ebenfalls in Kapitel 3 eingeführten Beschreibungsmittel für das zu erstellende Datenmodell verwendet.

Der Erstellung des Modells für das Kennzahlensystem folgt dessen Implementierung. Im Rahmen dieser Arbeit wird zu diesem Zweck das OLAP-Tool *Hyperion Essbase OLAP-Server (Version 5.0.2)* verwendet. Dieses wird mit seinen für diese Arbeit im Mittelpunkt stehenden Komponenten vorgestellt, um anschließend zu überprüfen, wie die in Kapitel 3 diskutierten theoretischen Datenstrukturen des mehrdimensionalen Datenmodells in der praktischen Anwendung abgebildet bzw. umgesetzt werden. Probleme und Lösungsansätze bei der Implementierung werden ebenso aufgezeigt wie Möglichkeiten und Grenzen des Tools selbst.

Kapitel 6 beschließt mit einer Zusammenfassung der einzelnen Teilergebnisse der verschiedenen Kapitel und deren kritischer Würdigung die Arbeit. An geeigneten Stellen werden kurze Ausblicke auf weitere Problembereiche gegeben.

2 Darstellung betriebswirtschaftlicher Tatbestände mit Hilfe von Kennzahlen und Kennzahlensystemen

Kennzahlen bzw. die Kombination verschiedener Kennzahlen zu einem Kenn–zahlensystem dienen dem Management als eine wichtige Informationsquelle bei der täglichen Entscheidungsfindung. Das folgende Kapitel gibt daher einen kurzen Überblick über den Betrachtungsgegenstand und den theoretischen Hintergrund von Kennzahlen und Kennzahlensystemen in der Betriebswirtschaftslehre.

Ausgehend von betriebswirtschaftlichen Tatbeständen (Abschnitt 2.1) werden die diese Sachverhalte beschreibenden Kennzahlen näher untersucht und auf die für diese Arbeit relevanten Themengebiete eingegrenzt (Abschnitt 2.2). Gegenstand des Abschnittes 2.3 sind die durch eine Verknüpfung mehrerer Kennzahlen entstehen-den Kennzahlensysteme. Ziel dieses Abschnittes ist es, mit Hilfe eines Anforderungs-katalogs ein Kennzahlensystem auszuwählen, das später für ein mehrdimensionales Datenbanksystem modelliert und in diesem implementiert wird (Kapitel 4 und 5). Eine zusammenfassende kritische Würdigung beendet das vorliegende Kapitel.

2.1 Betriebswirtschaftliche Tatbestände

Die Betriebswirtschaftslehre als Wirtschaftswissenschaft beschränkt sich auf einen Aspekt, der dem menschlichen Handeln neben anderen Aspekten innewohnt: „unter Unsicherheit Einkommen zu erwerben und zu verwenden"[3]. Dies impliziert sowohl die Erforschung als auch die Lehre der Einrichtungen, die Einkommensunsicherhei-ten für einzelne Menschen und Menschengruppen verringern.[4] Unternehmungen stellen Beispiele solcher Einrichtungen dar. Sie haben als wirtschaftlich-rechtlich organisierte Gebilde die nachhaltige ertragbringende Leistungserzielung zur Auf-gabe.[5] Bei der betriebswirtschaftlichen Betrachtung von Unternehmen spielen somit rein juristische, technische oder soziologische Aspekte keine Rolle.[6] Es werden viel-mehr die Abläufe betrachtet, die mit dem betrieblichen Umsatzprozeß zu tun haben und sich hauptsächlich auf die Funktionsbereiche Beschaffung, Produktion, Absatz,

---

[3]   Schneider (1997b), S. 571.
[4]   Vgl. Schneider (1997b), S. 571.
[5]   Vgl. o.V. (1997a), S. 3952. Auf die in der Literatur stattfindende Diskussion um die Begriffe „Unternehmung", „Unternehmen" und „Betrieb" wird an dieser Stelle nicht eingegangen; viel-mehr werden diese Termini, wie in der Literatur auch gebräuchlich, synonym verwendet [zur Disskussion dieser Begriffe vgl. o.V. (1997a), S. 3952-3954].
[6]   Vgl. Meyer (1994), S. 1.

Management und Finanzierung konzentrieren.[7] Die Struktur einer solchen Unternehmung wird in Abbildung 1 dargestellt.

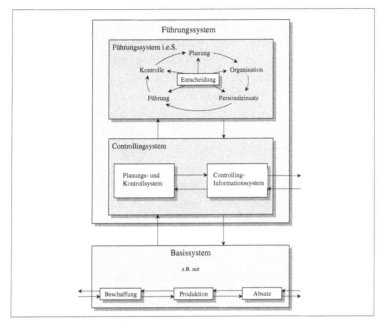

Abbildung 1: Struktur von Unternehmen
(Quelle: in Anlehnung an Huch/Schimmelpfeng (1994), S. 4)

In dieser Arbeit liegt der Schwerpunkt nicht auf der Betrachtung des Basis-, sondern des Führungssystems und dort auf dem Management als Führungsorgan. Dessen Aufgabe ist es, das Gesamtsystem Unternehmen zu steuern.[8] „Solche ‚Steuerungshandlungen' können verschiedener Art sein, z.B. planender, organisierender oder kontrollierender Art."[9] Die Funktionen des Managements – auch als Führungssystem i.e.S. bezeichnet – werden dabei in bestimmter Reihenfolge als Managementprozeß gesehen, der sich aus den Teilfunktionen Planung, Organisation, Personaleinsatz,

---

7   Neben dieser funktionalen Sichtweise existieren auch andere Betrachtungsperspektiven, wie z.B. faktor-, entscheidungs-, verhaltens- und systemtheoretische [vgl. o.V. (1997d), S. 579 oder Staehle (1999), S. 36ff.], die hier aber nicht Gegenstand der Betrachtung sind.

8   Vgl. Steinmann/ Schreyögg (1997), S. 6. Es handelt sich dabei um den Begriff des Managements im funktionalen Sinn (managerial functions approach), neben dem der Begriff des Managements im institutionalen Sinn (managerial roles approach) existiert, welcher auf die Beschreibung der Personen(gruppen), die Managementfunktionen wahrnehmen, abstellt [vgl. Staehle (1999), S. 71].

9   Steinmann/ Schreyögg (1997), S. 6, ähnlich Staehle (1999), S. 81 und Gluchowski/ Gabriel/Chamoni (1997), S. 8.

Führung und Kontrolle zusammensetzt.[10] Über diesen Teilfunktionen schwebt als eine Art Meta-Funktion die Entscheidungsfunktion, die allen anderen Managementfunktionen inhärent ist.[11]

Um im Rahmen des Managementprozesses für das Unternehmen Entscheidungen treffen zu können, werden von den Führungsorganen bzw. -personen Informationen benötigt.[12] Die Bereitstellung von Informationen obliegt in erster Linie dem Controlling, das als funktioneller Teilbereich des Führungssystems gesehen werden kann und dessen Aufgabe die Unterstützung des Managements ist.[13] Diese Unterstützungsfunktion beinhaltet im Rahmen des Controlling-Informationssystems die Informationsbeschaffung und -bereitstellung in einem Informationspool, der Informationen sowohl aus externen als auch internen Quellen enthält. Zum anderen gehört die zielgerichtete Versorgung des Managements mit für den Planungs- und Kontrollprozeß notwendigen Informationen durch ein geeignetes Planungs- und Kontrollsystem zu den Aufgaben des Controlling.[14] Die in der Abbildung 1 sichtbaren Pfeile deuten die Informationsflüsse sowohl zwischen der Unternehmung und seiner Umwelt, als auch zwischen den innerbetrieblichen Systemen an, wobei diese im Normalfall bidirektional angelegt sind.

Die benötigten Informationen erhält man u.a. aus betriebswirtschaftlichen Tatbeständen, d.h. aus Sachverhalten, die sich aus dem Betrieb einer Unternehmung – vor allem der operativen Ebene (Basissystem) – implizit ergeben. Es kann sich dabei sowohl um quantifizierbare als auch um nicht quantifizierbare Sachverhalte handeln, wobei in Zahlen faßbare Tatbestände den Vorteil leichterer Vergleichbarkeit aufweisen und beispielsweise in Form von Kennzahlen vorliegen.

Diese Kennzahlen helfen dem Management, den Überblick über die betriebliche Situation zu wahren, indem sie eine Betrachtung der Unternehmung aus unterschiedlichen Perspektiven erlauben. Im Gegensatz zur operativen Ebene, wo beispielsweise einzelne Kundenaufträge im Mittelpunkt stehen, werden auf der strategischen Ebene betriebswirtschaftliche Tatbestände nicht bis ins kleinste Detail betrachtet, sondern

---

10 Vgl. Steinmann/ Schreyögg (1997), S. 9ff., ähnlich auch Huch/Schimmelpfeng (1994), S. 1f. sowie Koontz/Weihrich (1993), S. 18 und 20-22. Der Bereich der Führung wird in diesem Zusammenhang als Führung i.e.S. gesehen und betrifft die Leitung des täglichen Arbeitsvollzugs [vgl. Steinmann/Schreyögg (1997), S. 10; Koontz/Weihrich (1993), S. 460].
11 Vgl. Steinmann/ Schreyögg (1997), S. 9.
12 Für den Zusammenhang zwischen Entscheidung und Information empfiehlt sich vertiefend Mag (1977), S. 1ff. und 161ff. Von dem durchaus möglichen Fall, Entscheidungen auch ohne vorherige Informationsbeschaffung treffen zu können, soll hier abgesehen werden. *Reichmann* und *Lachnit* führen zum Thema Informationsbedarf u.a. an, daß der Bedarf an sachgerechter Information proportional mit der Unternehmensgröße wächst [vgl. Reichmann/Lachnit (1976), S. 705].
13 Vgl. Huch/Schimmelpfeng (1994), S. 3.
14 Vgl. Huch/Schimmelpfeng (1994), S. 5; Reichmann (1997), S. 3-4; Horváth (1998), S. 17ff.

es wird der Verdichtung dieser Einzelheiten zu komprimierten Sachverhalten hohe Bedeutung beigemessen.[15] Manager[16] haben u.a. auf diese komprimierten Sachverhalte i.d.R. eine mehrdimensionale Sichtweise.[17] Sind beispielsweise die Umsätze verschiedener Produkte entlang einer Zeitachse (z.b. mehrere Monate) von Interesse, zieht dies bereits eine zweidimensionale Betrachtungsweise der Umsatzgröße nach sich. Denkt man sich außerdem Absatzgebiete hinzu, zwischen denen differenziert werden kann, liegt schon eine dreidimensionale Betrachtung vor. Dies ließe sich beliebig fortsetzen, wenngleich eine Visualisierung von mehr als drei Perspektiven zunächst schwierig erscheint.[18]

Um den Manager bei seinen Entscheidungen wirkungsvoll zu unterstützen, bedarf es folglich entscheidungsrelevanter Informationen über die entsprechenden betrieblichen Sachverhalte sowie einer DV-Unterstützung, die in der Lage ist, diese Informationen in geeigneter Weise bereitzustellen. Denn je früher die benötigten Informationen genutzt werden können, desto größer wird der dem Manager verbleibende Entscheidungszeitraum.[19] Gerade dieses Problem stellt ein Beispiel für den Gegenstandsbereich der Wirtschaftsinformatik als interdisziplinäre Wissenschaftsdisziplin dar, die sich als Schnittstelle zwischen Betriebswirtschaft und Informatik, allgemein formuliert, mit Informations- und Kommunikationssystemen in Wirtschaft und Verwaltung auseinandersetzt.[20] Von besonderer Bedeutung sind dabei die Gestaltung und der Einsatz von entsprechenden Anwendungssystemen.[21] So ist es auch Aufgabe dieser Arbeit, eine entsprechende Verknüpfung zwischen betriebswirtschaftlichen Problembereichen und computergestützten Informationssystemen herzustellen.

2.2 Kennzahlen

Von den Bereichen, in denen Kennzahlen Anwendung gefunden haben, soll im Rahmen dieser Arbeit der Schwerpunkt auf den betriebswirtschaftlichen Kennzahlen liegen. Die folgenden Abschnitte zeigen einführend, welche Einteilung von Kennzahlen vorgenommen werden kann, wie der Begriff der Kennzahl in der Betriebs-

---

15 Vgl. Reichmann (1996), S. 566.
16 Die in dieser Arbeit durchgängige Verwendung der maskulinen Form soll nicht auf eine entsprechende subjektive Haltung schließen lassen, sondern dient ausschließlich der Vereinfachung durch die verkürzte Schreibweise.
17 Vgl. Totok/Jaworski (1998), S. 9; Gabriel/Gluchowski (1997), S. 21.
18 Der Punkt der Visualisierung von mehr als 2 Perspektiven in der Ebene wird in Abschnitt 3.2.3 kurz aufgenommen und im Anhang anhand konkreter Beispiele verdeutlicht.
19 Vgl. Gluchowski/Gabriel/Chamoni (1997), S. 28 und 34.
20 Vgl. Wissenschaftliche Kommission der Wirtschaftsinformatik (1994), S. 80; o.V. (1997b), S. 772.
21 Vgl. Gabriel (1998), S. 3; ähnlich Scheer (1994), S. 1.

wirtschaftslehre gebraucht wird und wo Vor- und Nachteile von Kennzahlen, verbunden mit ihren Aufgaben und an sie gestellten Anforderungen, liegen.

2.2.1 Einordnung und Klassifikation

Bevor im nächsten Abschnitt auf den betriebswirtschaftlichen Kennzahlenbegriff eingegangen wird, ist es erforderlich, Klassifikationsmöglichkeiten von Kennzahlen zu skizzieren, da die hierzu verwendeten Begriffe das Verständnis der nächsten Abschnitte erleichtern.

Allgemein betrachtet geben Kennzahlen quantitativ erfaßbare Sachverhalte in verdichteter Form wieder.[22] *Staehle* unterscheidet Kennzahlen in absolute Zahlen und Relativzahlen (bzw. Verhältniszahlen).[23] Diese Abgrenzung ist auch als Klassifikation statistischer Form bekannt.[24] Dabei wird folgendermaßen unterteilt:

Absolute Zahlen:
- Einzelzahlen
- Summen
- Differenzen
- Mittelwerte

Relativzahlen:
- Gliederungszahlen
- Beziehungszahlen
- Indexzahlen

Im Gegensatz zu den absoluten Zahlen, deren Inhalte als allgemein bekannt vorausgesetzt werden können, bedürfen die Relativzahlen einer kurzen Erläuterung.

Eine Gliederungszahl kommt zustande, indem eine statistische Teilmasse zu einer Gesamtmasse in Beziehung gesetzt wird. Ein Beispiel stellt der Anteil des Eigenkapitals am Gesamtkapital dar,[25] der auch unter dem Namen Eigenkapitalquote bekannt ist.

Beziehungszahlen stellen im Gegensatz dazu nicht auf unter- oder übergeordnete, sondern auf gleichgeordnete Größen ab, die in Beziehung gesetzt werden. Ein Beispiel dafür liefert der Verschuldungsgrad, der das Verhältnis von Eigenkapital zu Fremdkapital widerspiegelt.[26]

Indexzahlen stellen Beziehungen zwischen gleichartigen, aber zeitlich oder örtlich verschiedenen statistischen Massen im Vergleich zu einem Ausgangswert her,[27] wodurch z.B. Wachstumsraten bestimmt werden können.

---

[22] Vgl. Reichmann (1993), Sp. 2159.
[23] Vgl. Staehle (1969), S. 52.
[24] Vgl. Reichmann (1997), S. 21.
[25] Vgl. Staehle (1969), S. 53.
[26] Vgl. AGPlan (1969), S. 6; Staehle (1969), S. 53; Botta (1993), S. 5.
[27] Vgl. auch hier die Quellen aus FN 26.

Neben dieser statistischen Einteilung von Kennzahlen existieren in der Literatur auch weitere Kriterien, nach denen eine Klassifikation erfolgen kann:[28] Beispielsweise ist eine Unterscheidung aufgrund der Informationsbasis möglich. Darunter sind die Quellen der Herkunft von Kennzahlen zum Informationszweck für interne und externe Interessenten zu verstehen. Dies wären z.b. die Kostenrechnung, die Betriebs- und Finanzbuchhaltung, aber auch Planungs- und betriebliche Sonderrechnungen.

Als weitere Klassifikationsmöglichkeit kommt die Zielorientierung in Frage. Dabei bieten sich je nach den Zielen der Unternehmung Erfolgs- oder Liquiditätsgrößen an, an deren Stelle aber auch gänzlich andere Werte treten können.

Ebenso kann der Objektbereich als Klassifizierungskriterium herangezogen werden. Dies bietet sich vor allem dann an, wenn auf der Unternehmensebene oder in Teilbereichen der Unternehmung Zusammenhänge durch Kennzahlen aufgezeigt werden sollen. Je nach Gegenstandsbereich lassen sich z.b. Informationen über divisionale, funktionale oder auch organisatorische Zusammenhänge erschließen.

Die letzte hier angesprochene Einteilung läßt sich hinsichtlich des Handlungsbezuges vornehmen, indem zwischen deskriptiven und normativen Größen unterschieden wird. Während die deskriptiven Größen dem Namen nach Zusammenhänge nur beschreiben, beinhalten die normativen Größen einen Vorgabecharakter im Sinne interner Standards mit entsprechenden Handlungsaufforderungen.

Der begrifflichen Abgrenzung folgt nun in Abschnitt 2.2.2 die Betrachtung des Kennzahlenbegriffs aus der betriebswirtschaftlichen Perspektive.[29]

---

[28] Vgl. dazu im folgenden Reichmann (1997), S. 21f.; Reichmann (1993), Sp. 2159f.

[29] Weitere Einteilungsmöglichkeiten von Kennzahlen sollen an dieser Stelle aus Platz- und Relevanzgründen nicht verfolgt werden. Für einen einführenden Überblick eignet sich Reichmann (1993), Sp. 2159ff. und zur Vertiefung Reichmann (1997), S. 21ff., Meyer (1994), S. 7ff. oder Horváth (1998), S. 547.

2.2.2 Kennzahlen in der Betriebswirtschaft

Laut *Reichmann* herrscht über den allgemeinen Kennzahlenbegriff mittlerweile weit-gehende Einigkeit in der Literatur.[30] Bezüglich Begriff, Terminologie und Systematik von *betriebswirtschaftlichen* Kennzahlen gibt es dagegen noch keine einheitliche Auf-fassung.[31]

Reichmann definiert Kennzahlen allgemeingültig als Zahlen, „die quantitativ erfaßba-re Sachverhalte in konzentrierter Form wiedergeben"[32]. Eine Spezifizierung für das Gebiet der Betriebswirtschaftslehre erfolgt nicht. *Meyer* dagegen definiert betriebs-wirtschaftliche Kennzahlen als „Zahlen, die Informationen über betriebswirtschaft-liche Tatbestände beinhalten"[33]. Setzt man beide Definitionen zusammen, nähert man sich sehr stark der Definition von *Staehle*. Er versteht unter betriebswirtschaft-lichen Kennzahlen „Verhältniszahlen und absolute Zahlen, die in konzentrierter Form über einen zahlenmäßig erfaßbaren betriebswirtschaftlichen Tatbestand infor-mieren"[34]. Es werden somit drei Elemente deutlich, durch die vor allem die beiden letzten Definitionen gekennzeichnet werden:

- Betriebswirtschaftliche Tatbestände

- Informationen

- Zahlen

Der Betrachtungsgegenstand der Kennzahl bezieht sich auf das Gebiet der Betriebs-wirtschaftslehre wie in Abschnitt 2.1 beschrieben. Im weiteren Verlauf der Arbeit bezeichnet der Begriff Kennzahl deshalb auch immer eine betriebswirtschaftliche Kennzahl.

Auf die Diskussion um die Begriffe „Wissen", „Information" und „Daten" soll in diesem Zusammenhang nicht eingegangen werden.[35] Vielmehr werden weitgehend gängige Definitionen wie folgt zugrunde gelegt: Information wird sowohl im Sinne der Betriebswirtschaftslehre als auch der Wirtschaftsinformatik als zweckorientiertes bzw. zweckbezogenes Wissen verstanden, das zum zielgerichteten Handeln benötigt

---

30   Vgl. Reichmann (1997), S. 19.
31   Vgl. Meyer (1994), S. 1. In Anlehnung an *Meyer* wird im weiteren Verlauf der Arbeit für die
     unterschiedlichen gängigen Begriffe Kennziffer, Meßzahl, Kontrollzahl usw. die Bezeichnung
     Kennzahl verwendet [vgl. Meyer (1994), S. 1].
32   Reichmann (1993), Sp. 2159.
33   Meyer (1994), S. 1.
34   Staehle (1969), S. 50.
35   Für einen kurzen Überblick über diese drei eng miteinander zusammenhängenden Begriffe vgl.
     Luft (1997), S. 195f.

wird.[36] Im Sinne der Semiotik[37] ist Information somit auf der pragmatischen Ebene einzuordnen und „demnach bestimmt ausschließlich der Zweck des Wissens – ausgerichtet an dessen Verwendung für betriebliche Entscheidungen – dessen Informationswert und nicht die Informationsmenge"[38].

Daten wiederum stellen diese Informationen aufgrund bekannter oder unterstellter Abmachungen in einer maschinell verarbeitbaren Form dar,[39] und können auf sog. Datenträgern aufbewahrt werden.[40] Informationen und Daten können als Teilmenge von Wissen betrachtet werden,[41] wobei unter Wissen „die Gesamtheit der Wahrnehmungen, Erfahrungen und Kenntnisse eines Menschen oder einer Gruppe von Menschen über sich und seine/ihre Umwelt bzw. einen Teilbereich davon"[42] verstanden wird.

Zahlen als betriebswirtschaftliche Kennzahlen können im Kontext absoluter Zahlen auf Mengen- oder Wertgrößen basieren. Das läßt beim Bilden eines Verhältnisses – und somit dem Erzeugen einer Relativzahl – folgende Möglichkeiten zu:[43]

• Zwei Mengengrößen stehen zueinander in Beziehung (Beispiel Produktivität in Form von Stück/Stunde).

• Zwei Wertgrößen bilden ein Verhältnis (Beispiel Rentabilität als Verhältnis von Gewinn zum eingesetzten Kapital).

• Eine Mengen- und eine Wertgröße werden zueinander in Beziehung gesetzt (Beispiel Lohn eines Arbeiters in DM/Stunde), wobei laut *Meyer* nur solche Kennzahlen üblich sind, die eine Wertgröße im Zähler und eine Mengengröße im Nenner enthalten.[44]

Die somit erfolgte Definition und Klassifikation von (betriebswirtschaftlichen) Kennzahlen erlaubt nun einen Blick auf den folgenden Abschnitt 2.2.3, der kurz die Vor- und Nachteile der Kennzahlenbildung untersucht.

---

[36] Der Begriff der Information als „zweckorientiertes Wissen" wurde 1959 von Wittmann geprägt [vgl. Wittmann (1959), S. 14] und wird in dieser Form auch heute noch verwendet. Vgl. dazu z.B. Meyer (1994), S. 2; Gabriel/Röhrs (1995), S. 1; Picot (1990), S. 6; Huch/Dölle (1994), S. 215; Stahlknecht/Hasenkamp (1997), S. 9.

[37] Die Semiotik (Sprachtheorie) unterscheidet im Wesentlichen drei Teilgebiete. Dies ist zum einen die Syntaktik, die lediglich die Zeichen und ihre Beziehungen untereinander untersucht, zum anderen die Semantik, die sich mit der inhaltlichen Bedeutung der Zeichen auseinandersetzt und drittens die Pragmatik, deren Untersuchungsgegenstand die Wirkung der inhaltlich gedeuteten syntaktischen Zeichen auf den Benutzer ist [vgl. Huch/Dölle (1994), S. 215].

[38] Huch/Dölle (1994), S. 215.

[39] Vgl. Hansen (1996), S. 6.; Hesse/Barkow/von Braun/Kittlaus/Scheschonk (1994), S. 42.

[40] Vgl. Hansen (1996), S. 6.

[41] Vgl. Streubel (1996), S. 22.

[42] Hesse/Barkow/von Braun/Kittlaus/Scheschonk (1994), S. 42.

[43] Vgl. Staehle (1969), S. 53.

[44] Vgl. Meyer (1994), S. 8.

2.2.3 Aufgaben, Ziele und Grenzen

Aus den in Abschnitt 2.2.2 genannten Definitionen geht hervor, daß Kennzahlen eine geeignete Möglichkeit darstellen, Informationen über bestimmte Tatbestände zu verdichten bzw. komplizierte Strukturen und Prozesse auf relativ einfache Art und Weise darzustellen.[45] Schon in den 60er Jahren wurde als Aufgabe von Kennzahlen die Informationsverbesserung der Geschäftsführung gesehen und ihnen eine Lenkungs- und Kontrollfunktion zugesprochen.[46] Da Gewinnerzielung im allgemeinen als eins der obersten Unternehmensziele beschrieben werden kann, das unter der Nebenbedingung der ständigen Erhaltung der Liquidität erreicht werden soll,[47] ist eine wichtige Aufgabe von Kennzahlen damit gegeben, zur Planung, Steuerung und Kontrolle dieser beiden Größen beizutragen. Um die genannten Tätigkeiten effizient und effektiv durchführen zu können, ist es erforderlich, Kennzahlen zu vergleichen.

Reichmann führt als dafür geeignete Methoden den Soll-Ist-Vergleich, den Zeitvergleich, den zwischenbetrieblichen Vergleich und den Vergleich mit Standards an, wobei er den Soll-Ist-Vergleich als den aussagekräftigsten herausstellt,[48] da dieser mit einer sich anschließenden Abweichungsanalyse einen konzentrierten Überblick über die wirtschaftliche Lage der Unternehmung geben kann und somit am ehesten dem Anspruch gerecht wird, gewisse Fehlentwicklungen aufzudecken und entsprechende Gegenmaßnahmen einzuleiten.[49] Dennoch spielen auch Zeitvergleiche im Hinblick auf damit verbundene Trendanalysen eine wichtige Rolle, da mit den daraus gewonnenen Informationen Szenarien für die weitere mögliche Entwicklung des Geschäfts entworfen werden können.

Kennzahlen dienen neben den internen auch externen Interessenten zur ständigen Unternehmensanalyse. Letztere müssen sich dabei aber auf die ihnen zur Verfügung gestellten Zahlen aus Jahresabschlüssen und evtl. Zwischenberichten, Lageberichten und Anhängen beschränken und sind somit bis auf ein nicht unerhebliches Maß den eventuellen bilanzpolitischen Manipulationen des Unternehmens ausgesetzt.[50] Im Rahmen dieser Arbeit stehen aber nur interne Interessenten im Betrachtungsmittelpunkt.

Allerdings wird daraus bereits ersichtlich, daß den Kennzahlen als Informationsverdichtern in ihrer Anwendung auch Grenzen gesetzt sind. Das trifft vor allem dann

---

45 Vgl. Reichmann (1997), S. 20; Botta (1993), S. 8.
46 Vgl. AGPlan (1969), S. 7.
47 Dabei sei einmal dahingestellt, welches Gewinnverständnis den einzelnen Unternehmungen zugrundeliegt. Vgl. Schneider (1997), S. 11; Reichmann (1997), S. 3; Horváth (1998), S. 141.
48 Vgl. Reichmann (1997), S. 47.
49 Vgl. Staehle (1969), S. 61.
50 Vgl. Reichmann/ Lachnit (1976), S. 707 in FN 6.

zu, wenn Entscheidungen nur auf Basis einer Kennzahl ohne weitere Hintergrund-informationen getroffen werden sollen. *Staehle* meint dazu, daß eine Kennzahl als Relativzahl ohne das Wissen über die zugrunde gelegten Absolutzahlen an Aussage-kraft verlöre, da bei einer Veränderung dieser Kennzahl nicht darauf geschlossen werden könne, in welchem Maße und in welche Richtung sich die einzelnen Größen des Bruches entwickelt haben.[51] Durch die hohe Verdichtung von Sachverhalten entsteht somit schnell die Gefahr, wichtige Einzelheiten zu übersehen.[52] Außerdem bedeutet die bloße Existenz einer Kennzahl nicht auch sofort deren Richtigkeit. Im Gegenteil muß darauf hingewiesen werden, daß Kennzahlen durch falsche Materia-lien, falsche gedankliche Überlegungen oder falsche Aufstellungsmethoden sehr schnell an Aussagewert einbüßen; andererseits kann der Aussagegehalt auch durch falsche Interpretation in Mitleidenschaft gezogen werden.[53] Die Basis betriebswirt-schaftlicher Kennzahlen und damit auch der in Abschnitt 2.3 zu behandelnden Kennzahlensysteme stellt i.d.R. das betriebliche Rechnungswesen dar. Ein funktio-nierendes Rechnungswesen ist folglich eine Grundvoraussetzung, um die ermittelten Kennzahlen nicht von vornherein in Frage stellen zu müssen.[54]

Dem Vorteil einer Kennzahl, Zusammenhänge aufzuzeigen, die bei der reinen Exi-stenz des Zahlenmaterials aus dem Rechnungswesen nicht oder nur schwer erkenn-bar gewesen wären, steht, wie bereits angesprochen, der Nachteil gegenüber, daß die Kennzahl allein wenig aussagt, wenn entsprechende zusätzliche Informationen feh-len. Dabei spielt es keine Rolle, ob diese als Absolut- oder Relativzahl bestimmt wurde. Mit einer Kennzahl allein kann es somit kaum gelingen, betriebswirtschaftli-che Tatbestände mit allen ihren Merkmalen abzubilden.[55] Dieser Überlegung zufolge ist es zweckmäßig, sich über ein logisch konsistentes System von Kennzahlen Ge-danken zu machen, das die Gefahr eines Informationsverlustes im Zuge einer hohen Aggregation von Sachverhalten durch alleinige Kennzahlenbildung zu umgehen versucht. Es werden dafür Abhängigkeiten der Kennzahlen untereinander formuliert, welche die einzelnen Größen wieder aussagekräftiger machen sollen. Kennzahlensy-steme, die aus dieser Überlegung heraus entstanden sind, werden im nächsten Ab-schnitt 2.3 betrachtet.

---

[51] Vgl. Staehle (1969), S. 52.
[52] Vgl. Küting (1983b), S. 237.
[53] Vgl. Staehle (1969), S. 66f.
[54] Vgl. AGPlan (1969), S. 9.
[55] Vgl. Meyer (1994), S. 5f.

2.3   Kennzahlensysteme

Kennzahlen und Kennzahlensysteme stehen in enger Beziehung zueinander. Während durch die Bildung einer Kennzahl eine Verdichtung von Sachverhalten möglich wird, steht bei der Entwicklung eines Kennzahlensystems die Absicht im Vordergrund, logische Zusammenhänge durch Aufschlüsselung sichtbar zu machen.[56] Im Falle von Entscheidungen können dadurch vorher schon wechselseitige Auswirkungen erkannt und daraus evtl. resultierende negative Folgen vermieden werden.

Nach einer einführenden Begriffsklärung (Abschnitt 2.3.1) ist zu zeigen, wie dieser Anspruch verwirklicht wird, welche Anforderungen an Kennzahlensysteme gestellt und wie diese erfüllt werden (Abschnitt 2.3.2). Dieser Abschnitt wird zusätzlich dazu genutzt, einen Anforderungskatalog zu präsentieren, an dem die in Abschnitt 2.3.3 zu präsentierenden Kennzahlensysteme in Abschnitt 2.3.4 gemessen werden.

2.3.1   Begriff des Kennzahlensystems

Allgemein gesehen kann ein Kennzahlensystem als eine „Zusammenstellung von quantitativen Variablen verstanden werden, wobei die einzelnen Kennzahlen in einer sachlich sinnvollen Beziehung zueinander stehen, einander ergänzen oder erklären und insgesamt auf ein gemeinsames, übergeordnetes Ziel ausgerichtet sind"[57]. Dieses übergeordnete Ziel wird in einer sogenannten Spitzenkennzahl ausgedrückt, welche die betriebswirtschaftlich wichtigste Aussage des Systems in komprimierter Form vermitteln soll.[58] Die Verbindung der Kennzahlen untereinander hilft, den Informationsverlust durch die anfängliche Aggregation teilweise zu kompensieren, um ein konsistentes Zielsystem zu erstellen und als analytisches Planungs- und Kontrollinstrument zu dienen.[59]

Die Beziehungen zwischen den Kennzahlen können sowohl rechentechnischer als auch nur sachlogischer Natur sein.[60] Handelt es sich um eine rechentechnische Verknüpfung im Sinne einer mathematischen Verzahnung, das heißt jede Kennzahl bis auf die der elementarsten Ebene kann aus untergeordneten Zahlen abgeleitet werden, spricht man von einem Rechensystem. Trennt man sich dagegen von der Bedingung der mathematischen Verknüpfung und beschränkt sich auf eine sachlogische Strukturierung der einzelnen Größen, liegt ein Kennzahlensystem vor, das als Ordnungs-

---

56   Preißler sieht eine formale Anforderung an Informationen darin, daß verdichtete Information jederzeit detailliert dargestellt werden kann [vgl. Preißler (1988), S. 75].
57   Reichmann (1993), Sp. 2161.
58   Vgl. Horváth (1998), S. 549.
59   Vgl. Huch/Schimmelpfeng (1994), S. 19.
60   Vgl. im folgenden Küting (1983b), S. 237; Meyer (1994), S. 10ff.; Horváth (1998), S. 549.

system bezeichnet wird. Beispiele für beide Arten folgen im weiteren Verlauf des
Kapitels.[61]

Zum Thema der Klassifizierungsmöglichkeiten von Kennzahlensystemen lassen sich
in der Literatur weitere Vorschläge finden, auf die an dieser Stelle nicht weiter eingegangen werden soll.[62] Gegenstand der Betrachtung sind im folgenden vielmehr die
Aufgaben der Kennzahlensysteme und daraus resultierende Anforderungen an diese
im Bereich der Betriebswirtschaftslehre.

2.3.2 Aufgaben und Anforderungen aus Sicht der Betriebswirtschafts-
lehre

Kennzahlensysteme haben „die Aufgabe, einzelne Entscheidungsträger durch Informationsverdichtung und Zusammenfassung für unterschiedliche Entscheidungs-
ebenen mit hinreichender Genauigkeit und Aktualität zu informieren"[63]. Somit
kommt ihnen die Funktion zu, das Management sowohl zu informieren als auch als
Entscheidungshilfe zu dienen. Im Rahmen dieser Führungsinformations- und -unter-
stützungsfunktion dienen die Kennzahlensysteme insbesondere als Entscheidungs-,
Planungs- und Steuerungsinstrument des Unternehmens bzw. einzelner Teilbereiche.[64] Um dieser anspruchsvollen Aufgabe gerecht werden zu können, muß ein
Kennzahlensystem bestimmte Anforderungen erfüllen.[65] Diese Anforderungen
werden im folgenden vorgestellt, um auf ihrer Basis eine Auswahl für ein Kennzahlensystem zur späteren Modellierung und Implementierung in einem mehrdimensionalen Datenbanksystem zu treffen.

1. Bei den Komponenten (Kennzahlen) eines Kennzahlensystems muß es sich um
    quantifizierbare Größen handeln.

2. Die einzelnen im Kennzahlensystem verwendeten Kennzahlen dürfen zueinander
    nicht in Widerspruch stehen; sie sollen vielmehr eine konfliktfreie Gesamtheit
    darstellen.

3. Kennzahlensysteme sollen die Einbindung sowohl von Vergangenheits- als auch
    von Zukunftsdaten ermöglichen.

---

[61] Siehe dazu Abschnitt 2.3.3.
[62] Eine entsprechende Übersicht findet sich bei Meyer (1994), S. 11.
[63] Reichmann (1997), S. 24.
[64] Vgl. Küting (1983b), S. 238f., ähnlich auch Horváth (1998), S. 547. Zusätzlich zu diesen Funktio-
      nen kann ein Kennzahlensystem auch als Instrument zur Bekämpfung von Unternehmenskrisen
      herangezogen werden [vgl. Reichmann/ Lachnit (1978), S. 205]. Diese Betrachtung wird im weite-
      ren Verlauf der Arbeit allerdings ausgeschlossen, da aus diesen unterschiedlichen Zwecken auch
      Differenzen im Aufbau des jeweiligen Kennzahlensystems resulieren [vgl. ebenda, S. 205].
[65] Die hier aufgezeigten Anforderungen sind einem Katalog aus Bedingungen an ein Kennzahlen-
      system entnommen, der in Küting (1983b), S. 239ff. zu finden ist.

4. Die einzelnen Elemente sollen im Zeitablauf einheitlich bewertet und bezeichnet werden, damit eine möglichst gute Vergleichbarkeit der Größen im Zeitablauf gewährleistet werden kann.

5. Da die Kennzahlen überwiegend aus internen Größen ermittelt werden, sollte das System vorwiegend zur unternehmensinternen Rechnung benutzt werden.

6. Der Aufbau des Kennzahlensystems sollte das Wesentliche hervorheben und deshalb kompakt ausfallen. Dennoch muß der betriebliche Überblick gewahrt bleiben.

7. Bei der Erstellung, wie später auch bei der Verwendung eines Kennzahlensystems, sollte nach dem ökonomischen Prinzip gehandelt werden. Es ist folglich darauf zu achten, daß ein angemessenes Kosten-Nutzen-Verhältnis besteht.

8. Den Bedingungen (6) und (7) darf die Vollständigkeit des gesamten Systems nicht zum Opfer fallen. Dabei ist eine gewisse Zielkonkurrenz festzustellen, die aber im Einzelfall im betreffenden Unternehmen geklärt werden muß.

9. Ein Kennzahlensystem muß flexibel gestaltet sein, was die Erweiterbarkeit und auch Reduzierbarkeit anbelangt, um sich bei Bedarf schnell an neue Anforderungen anpassen zu lassen.

Problematisch bei der Aufstellung solcher Anforderungskataloge ist die Tatsache, daß Autoren, die für die Entwicklung von Kennzahlensystemen verantwortlich oder mitverantwortlich sind, Punkte aufnehmen, die nur von ihrem eigenen System erfüllt werden. So sehen z.B. *Reichmann* und *Lachnit* das rationale Arbeiten mit dem Kennzahlensystem als einen wichtigen Punkt an, woraus eine Einteilung des Systems in einen allgemeinen und einen Sonderteil resultieren soll.[66] Da aber nur das von ihnen entwickelte RL-Kennzahlensystem[67] eine solche Zweiteilung erfährt, liegt es nahe, eine gewisse Subjektivität dieser Anforderung zu unterstellen. Aus diesem Grund findet dieser Punkt keinen Eingang in den hier vorgestellten Katalog.

Im folgenden (Abschnitt 2.3.3) werden in der Praxis gängige Kennzahlensysteme präsentiert, die anhand der soeben vorgestellten Anforderungen im darauffolgenden Abschnitt (2.3.4) miteinander verglichen werden. Ein ausgewähltes System wird dann die Grundlage des in Kapitel 4 zu modellierenden und in Kapitel 5 zu implementierenden Kennzahlensystems bilden.

---

[66] Vgl. Küting (1983b), S. 241.
[67] Zum RL-Kennzahlensystem siehe Abschnitt 2.3.3.3.

2.3.3 Kennzahlensysteme in der Praxis

Dieser Abschnitt dient der Vorstellung von vier Kennzahlensystemen, die zu teilweise sehr unterschiedlichen Zeitpunkten entstanden sind. Unabhängig davon verrichten alle in der Praxis ihre Dienste. Wie sie den an sie gerichteten Anforderungen
aus Abschnitt 2.3.2 gerecht werden, wird im folgenden untersucht. Unter diesen
Gesichtspunkten ist im anschließenden Abschnitt 2.3.4 ein geeignetes System zur
Führungsunterstützung auszuwählen.

2.3.3.1 DuPont-Kennzahlensystem

Das DuPont-Kennzahlensystem – oder vollständig das DuPont System of Financial
Control – wird in der Literatur durchgängig als Ausgangspunkt bzw. Basis aller
betriebswirtschaftlichen Kennzahlensysteme gesehen.[68] Bereits 1919 wurde es von
der *E.I. Du Pont de Nemours and Company* verwendet, um die Maximierung der Rentabilität überwachen zu können und existiert heute in verschiedensten Varianten.
Hauptsächlich dient dieses System zur Kontrolle, aber es kann auch als Planungssys-
tem durch die Vorgabe von Sollgrößen verwendet werden.[69]

Die innerbetriebliche Darstellung des Systems erfolgt mit Hilfe des in Abbildung 2
skizzierten Schaubildes, das die Berechnung der Kennzahlen erkennen läßt. Es werden dabei sowohl Ist- als auch Sollzahlen berechnet, um aus deren Vergleich im
Rahmen einer Abweichungsanalyse Schlußfolgerungen zu ziehen und bei Bedarf
Gegenmaßnahmen einzuleiten.

---

[68] Vgl. z.B. Küting (1983a), S. 291; Staehle (1969), S. 69; Meyer (1994), S. 117ff.; Reich-
      mann/ Lachnit (1976), S. 709.
[69] Vgl. Staehle (1969), S. 71.

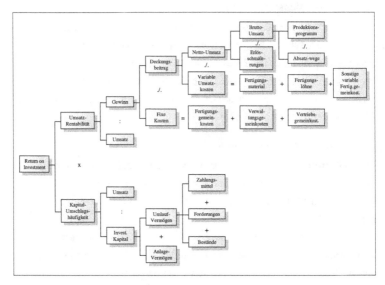

Abbildung 2:   Das DuPont-Kennzahlensystem
(Quelle: entnommen aus Horváth (1998), S. 551)

Das DuPont-System läßt sich eindeutig in die Kategorie der Rechensysteme einordnen, da alle Größen mathematisch miteinander verknüpft sind. Spitzenkennzahl
dieses Systems ist der Return on Investment (ROI) als Rentabilitätskennzahl, der als
prozentualer Gewinn auf das eingesetzte Kapital berechnet wird. Durch Erweiterung
mit der Größe Umsatz entstehen zwei weitere Kennzahlen; auf der einen Seite ist das
die Umsatzrentabilität und auf der anderen Seite die Kapitalumschlagshäufigkeit,
deren Zusammensetzung aus Abbildung 2 ersichtlich wird. Durch diese Zerlegung
gelingt es, die wichtigsten Einflußfaktoren für die Rentabilität zu überwachen und zu
verbessern.[70] Zur Erklärung dieser drei Größen werden schließlich nur noch Absolutzahlen herangezogen. Dies führt aber nicht zwingend zu einem Nachteil. *Staehle*
merkt dazu an, daß bestimmte Absolutzahlen, wie z.B. der Umsatz oder die Bilanz-
summe, gewissen Verhältniszahlen in ihrem Aussagewert in nichts nachstehen,[71]
denn schließlich wird beim Bilden von Verhältniszahlen auf Absolutzahlen zurückgegriffen.

Ein Vorteil des DuPont-Kennzahlensystems kann darin gesehen werden, daß es sich
nicht nur für das Unternehmen als ganzes verwenden läßt, sondern auch eine

---

70   Vgl. Küting (1983a), S. 291.
71   Vgl. Staehle (1969), S. 49.

brauchbare Alternative für die Bewertung sogenannter Profit Center, als Unternehmung in der Unternehmung, darstellt. Dadurch wird es möglich, die Generalmanager der einzelnen Profit Center für ihre Leistungen verantwortlich zu machen.[72] Eine Begründung für das Ausklammern von Fragen der Finanzierung, Liquidität und gewinnabhängigen Steuerpolitik im DuPont-System, findet sich bei *Küting*, der nur allein die Konzernleitung für diese Punkte verantwortlich sieht und nicht die Generalmanager der einzelnen Profit Center,[73] und letztendlich nur diese Organe über Fragen solcher Art entscheiden sollen. Kritisch anzumerken ist dazu allerdings, daß das Kennzahlensystem durch das gänzliche Fehlen dieser Größen die Unternehmensführung selbst, bei der Informationsbereitstellung und Entscheidungsfindung, somit auch nicht unterstützen kann.

Ein weiterer Kritikpunkt ist die unbestimmte Höhe des investierten Kapitals, das zur Berechnung der Kapitalumschlagshäufigkeit und damit des ROI herangezogen wird, denn hinsichtlich der Zusammensetzung bestehen Unterschiede zwischen der deutschen und der amerikanischen Auslegung.[74] Dies kann aber auch als Vorteil gesehen werden, da es den Unternehmen damit überlassen bleibt, ob sie bei der Bestimmung des eingesetzten Kapitals das Eigenkapital oder das Gesamtkapital heranziehen. In Abhängigkeit davon wird der ROI entweder als Eigen- oder als Fremdkapitalrendite berechnet. Die bereits angesprochene Ausrichtung auf nur ein Unternehmensziel wird dem DuPont-System als weiterer Nachteil entgegengehalten.[75] Diesen versucht das ZVEI-Kennzahlensystem aufzuheben.

2.3.3.2 Kennzahlensystem des Zentralverbandes der elektrotechnischen Industrie (ZVEI)

Die Veranlassung für den ZVEI, Anfang der 70er Jahre ein neues Kennzahlensystem zu entwickeln, ist nach eigenen Worten die „Fehlinterpretation von Kennzahlen aufgrund unzureichender Definitionen".[76] Als Ziel wurde der Wunsch nach Nutzung zum Zwecke der Unternehmenssteuerung und des Betriebsvergleiches geäußert.[77] Entstanden ist das System nach eigenen Angaben durch eine zunehmende Anzahl

---

[72] Vgl. Küting (1983a), S. 291.
[73] Vgl. Küting (1983a), S. 291.
[74] Im amerikanischen wird dazu die Größe des „total investment" herangezogen, die der Höhe nach zwischen dem deutschen Eigen- und Gesamtkapital liegt. Vgl. Staehle (1969), S. 71 oder Meyer (1994), S. 117f.
[75] Vgl. Horváth (1998), S. 553.
[76] Betriebswirtschaftlicher Ausschuß des ZVEI (1976), S. 5.
[77] Vgl. Betriebswirtschaftlicher Ausschuß des ZVEI (1976), S. 5.

von Veröffentlichungen zum Thema betriebswirtschaftlicher Kennzahlen, die das Bedürfnis nach eindeutig definierten und systematisierten Kennzahlen ausdrückte.[78] Neben dem DuPont-Kennzahlensystem ist das System des ZVEI ein klassischer Vertreter der Rechensysteme. In diesem Falle werden die einzelnen Größen aber nicht unmittelbar, sondern über sogenannte Hilfskennzahlen miteinander verbunden.[79]

Als Spitzenkennzahl fungiert hier – ähnlich einigen Varianten des DuPont-Systems – die Eigenkapitalrentabilität. Zur Ermittlung dieser Größe wird zwischen Wachstums- und Strukturkomponenten unterschieden. Die Wachstumsanalyse widmet sich den Veränderungen über die Zeit mit Hilfe von Indexzahlen, die Strukturanalyse dient der Untersuchung der Risikobelastung und Ertragsfähigkeit.[80]

Als vorteilhaft gegenüber dem DuPont-System kann die Verwendung zusätzlicher liquiditätsorientierter Größen gesehen werden. Durch die zahlreichen Verknüpfungen über die Hilfskennzahlen ist es möglich, sehr viele Kennzahlen miteinander in Beziehung zu setzen bzw. aus diesen Beziehungen neue abzuleiten. Der Nachteil gegenüber einer direkten Verzahnung ist damit gegeben, daß sich das System in seiner Größe schnell aufbläht und dadurch eher abschreckend wirkt. Außerdem entsteht die Gefahr einer Redundanz, da von ca. 200 Kennzahlen nur 87 direkt gebraucht werden und die restlichen als Hilfskennzahlen „nur" für die mathematische Verknüpfung verantwortlich sind.[81]

Bei der Gewinnung der einzelnen Größen stützt sich das ZVEI-Kennzahlensystem vorwiegend auf das Aktienrecht und den Industriekontenrahmen. Die Autoren weisen selbst darauf hin, daß Zahlen, die auf diese Art und Weise gewonnen werden, „im allgemeinen nur durchschnittliche Feststellungen über die wirtschaftliche Lage und die Entwicklung eines Unternehmens erlauben."[82] Für betriebsinterne Beurteilungen seien die Zahlen der Gesamtbilanz oft nicht zu verwenden, sondern müssen durch eventuell abweichende betriebswirtschaftliche Werte ersetzt werden. Dadurch wird die Eignung für die Unternehmensführung als ständiges Informations- und Entscheidungsunterstützungssystem in nicht geringem Maße beeinträchtigt.[83]

---

[78] Vgl. Betriebswirtschaftlicher Ausschuß des ZVEI (1976), S. 5.
[79] Vgl. Botta (1993), S. 14.
[80] Vgl. Reichmann (1997), S. 31.
[81] Vgl. Reichmann (1997), S. 33.
[82] Betriebswirtschaftlicher Ausschuß des ZVEI (1976), S. 7.
[83] Vgl. Botta (1993), S. 19.

2.3.3.3 Das RL-Kennzahlensystem

Auch dieses Kennzahlensystem hat seine Wurzeln in den 70er Jahren und wurde von *Reichmann* und *Lachnit* entwickelt.[84] Es ist nach den Worten der Autoren darauf ausgerichtet, als ein Analyseinstrument und Hilfsmittel der Unternehmensführung zu dienen. Dort soll es im Rahmen des Planungs- und Kontrollprozesses entscheidungsbezogene Informationen liefern.[85]

Zentrale Kenngrößen sind auf der einen Seite der Erfolg und auf der anderen Seite die Liquidität, die sich nicht wie bei den oben vorgestellten Systemen durch unmittelbare mathematische, sondern durch sachlogische Verknüpfungen ergeben. *Reichmann* und *Lachnit* führen aber an, daß wechselseitige Zusammenhänge mit Hilfe der Systemtheorie so herausgestellt sind, daß die Entscheidungsrelevanz gewahrt bleibt.[86] Somit handelt es sich bei diesem Kennzahlensystem um einen Vertreter der Ordnungssysteme.

Reichmann und *Lachnit* fordern von Kennzahlensystemen nicht nur die Abbildung der Unternehmensziele und die flexible Aufnahme neuer Tatbestände zur vollständigen Gesamtplanung, sondern zusätzlich einen branchenbezogenen und einen branchenunabhängigen Teil.[87] Diese Forderung wird von ihrem eigenen Kennzahlensystem dadurch erfüllt, daß es einen allgemeinen nicht branchenspezifischen Teil und einen firmenspezifische Besonderheiten enthaltenden Sonderteil enthält. Sowohl der allgemeine als auch der Sonderteil lassen sich zusätzlich in einen Rentabilitätsteil und einen Liquiditätsteil gliedern. Die zentralen Größen des allgemeinen Teils stellen das ordentliche Betriebsergebnis als Ausgangspunkt des Rentabilitätsteils und die liquiden Mittel als Ausgangspunkt des Liquiditätsteils dar. Damit tragen die Entwickler dem Gedanken Rechnung, nicht nur die originären Unternehmensziele, wie Gewinn- oder Rentabilitätsmaximierung, zu berücksichtigen, sondern gleichzeitig die zur Aufrechterhaltung des Geschäfts notwendige Liquidität im Auge zu behalten. Im Sonderteil kommen – auch getrennt nach Rentabilität und Liquidität – jene Kennzahlen zum Tragen, die spezifisch auf das Unternehmen und die zugehörige Branche zugeschnitten sind und der Ergänzung des allgemeinen Teils dienen. *Reichmann* und *Lachnit* betonen, daß der allgemeine Teil essentiell für die laufende Planung, Steuerung und Kontrolle ist, wohingegen der Sonderteil als Ergänzung, z.B. zur kurzfristi-

---

84 Die vollständige Bezeichnung lautet Rentabilitäts-Liquiditäts-Kennzahlensystem [vgl. zum RL-Kennzahlensystem Reichmann/ Lachnit (1976), S. 705-723].
85 Vgl. Reichmann (1997), S. 32.
86 Vgl. Reichmann (1997), S. 33.
87 Vgl. dazu im folgenden Reichmann (1997), S. 32ff. bzw. Reichmann/ Lachnit (1976), S. 711ff.

gen Bestimmung von Preisobergrenzen, betrachtet werden kann.[88] Gerade diese Einteilung in einen allgemeinen und einen Sonderteil ist nach Aussage von *Reichmann* und *Lachnit* besonders geeignet, um ein rationelles Arbeiten zu gewährleisten, da je nach Verwendungszweck die entsprechenden Informationen gezielt entnommen werden können.[89]

Wie bei den beiden zuvor angesprochenen Systemen erfolgt auch hier die Steuerung des Unternehmens hauptsächlich durch einen Soll-Ist-Vergleich mit einer sich anschließenden Abweichungsanalyse. Als nachteilig ist dabei anzusehen, daß nicht alle Größen in kürzeren Zeitabständen, z.B. monatlich, geplant und kontrolliert werden können, da ihre Bestimmung aus dem Rechnungswesen nur jährlich erfolgen kann, was z.B. bei der Kapitalrentabilität der Fall ist.[90]

2.3.3.4 Balanced Scorecard

Anfang der 90er Jahre wurde von *Kaplan* und *Norton* ein Forschungsprojekt mit dem Ziel initiiert, ein innovatives Performance Measurement-Modell[91] zu entwickeln, das über monetäre Leistungsmeßgrößen hinausgeht. Als Resultat wurde das Konzept der Balanced Scorecard präsentiert.[92] Es liegt dem Wunsch der Führungskräfte zugrunde, anstatt einer eindimensionalen Sicht auf die finanziellen Meßgrößen einen Überblick auch über nicht-monetäre Zahlen zu bekommen, um ein ausgewogenes multikriterielles Bild des Unternehmens zu erhalten. Übersetzen läßt sich Balanced Scorecard mit „ausgeglichener Berichtsbogen", jedoch hat sich der englische Begriff durchgesetzt.

Bei diesem Ansatz handelt es sich um einen weiteren Vertreter der Ordnungssysteme, denn auch hier wird nicht auf die mathematische Verzahnung der einzelnen Größen abgestellt. Anders als bei den bisher vorgestellten Kennzahlensystemen gibt es in diesem Fall keine vorgegebene(n) Spitzenkennzahl(en).

Im Zusammenhang mit der Kritik an der bloßen Verwendung von monetären Größen wird den bisher betrachteten Kennzahlensystemen oft ihre zu starke Vergangenheitsorientierung durch zu spätes Vorliegen dieser Zahlen vorgeworfen. Daneben

---

[88] Vgl. Reichmann/ Lachnit (1976), S. 714.
[89] Vgl. Reichmann/ Lachnit (1976), S. 708.
[90] Vgl. Reichmann/ Lachnit (1976), S. 714.
[91] Ansätze der Leistungsmessung und -bewertung, die als Grundlage der Unternehmenssteuerung dienen, werden seit Mitte der achtziger Jahre unter den Begriff des „Performance Measurement" gefaßt. Vgl. dazu Horváth (1998), S. 566ff. „Darunter wird der Aufbau und Einsatz meist mehrerer quantifizierbarer Meßgrößen verschiedenster Dimensionen (z.B. Kosten, Zeit Qualität, Innovationsfähigkeit, Kundenzufriedenheit) verstanden, die zur Beurteilung der Effektivität und Effizienz der Leistung und Leistungspotentiale unterschiedlichster Objekte im Unternehmen (Organisationseinheiten, Mitarbeiter, Prozesse) herangezogen werden [Horvath (1998), S. 566]."
[92] Vgl. Kaufmann (1997), S. 421.

wird Kritik an der mangelnden Verständlichkeit der verwendeten Kennzahlen für die Mitarbeiter des Unternehmens geübt.[93] Die Balanced Scorecard geht deshalb von einer sogenannten Unternehmens- bzw. Zukunftsvision aus. Aus dieser werden spezifische Strategien abgeleitet, die durch konkrete Maßnahmen bis auf die unterste Unternehmensebene projiziert werden.[94] Durch die Operationalisierung der aus der Zukunftsvision abgeleiteten Strategien wird eine andere Form von Zukunftsorientierung angestrebt, als sie bei den bisher beschriebenen Kennzahlensystemen der Fall ist. Es werden somit nicht ex-post-Ergebnisse mittels Trendanalyse extrapoliert und unter Berücksichtigung von möglichen Einflußfaktoren als Sollvorgabe für die nächste Periode eingesetzt.

Damit sich die Mitarbeiter nach den obersten Zielen der Unternehmung richten und zu deren Verwirklichung beitragen können, ist darauf zu achten, daß einzelne Maßnahmen und damit verbundene Kennzahlen für die Mitarbeiter der jeweiligen Unternehmensebenen so vorgegeben werden, daß deren Erfüllung und Berücksichtigung sich positiv auf das Erreichen des Unternehmensziels auswirken.[95]

Ferner werden bei der Balanced Scorecard nicht nur monetären Größen überwacht, sondern auch nicht-monetäre Kennzahlen konsequent einbezogen. Die monetären Kennzahlen als Vorgabe- bzw. Ergebniszahlen werden stark von nicht-monetären Größen beeinflußt, deren Betrachtung in verschiedenen Perspektiven erfolgen kann. Zur Erklärung der Ergebnisse aus der finanzwirtschaftlichen Perspektive werden die Größen aus der Kundenperspektive, der interne Perspektive und der Innovations- und Wissensperspektive herangezogen. Für keine dieser Perspektiven sind der Unternehmung Kennzahlen vorgegeben, sondern diese müssen für den jeweiligen Anwendungsfall selbst definiert werden. Die Balanced Scorecard verkörpert damit nur einen Denkrahmen, der sich unternehmensindividuell umsetzen und konkretisieren läßt.[96] Diese Freiheit soll allerdings nicht dazu führen, „weiche"[97] strategische und operative Ziele zu formulieren, die letztendlich aufgrund fehlender Meßmethoden nicht in Kennzahlen ausgedrückt werden können, sondern es geht vielmehr um eine präzise Ausformulierung und Quantifizierung der anvisierten Ziele, die unternehmensspezifisch derart umgesetzt werden sollen, daß selbst schwer meßbare Größen

---

93 Vgl. Kaufmann (1997), S. 421f.; Horváth (1998), S. 561.
94 Vgl. Kaufmann (1997), S. 424.
95 Vgl. Kaplan/Norton (1992), S. 40-41.
96 Der bisherige Erfolg der Balanced Scorecard kann vor allem darauf zurückgeführt werden. Denn das alleinige Vorgeben eines Rahmens erlaubt die exakte Ausrichtung auf die Marktposition und interne Organisation [vgl. Olve/Roy/Wetter (1999), S. 37].
97 Die Bezeichnung „weich" stellt auf nicht-monetäre Kennzahlen ab, die nicht auf das Ergebnis oder die Liquidität bezogen sind, und deren Ergebniswirksamkeit ein häufig noch nicht gelöstes Controlling-Problem darstellt [vgl. Horváth (1998), S. 561].

dem Versuch einer Messung unterzogen werden.[98] Für jede Perspektive sollten nur 4-7 Kennzahlen definiert werden, damit das System übersichtlich gehalten, einer Subzieloptimierung vorgebeugt und ein schneller Überblick über die Kennzahlen gewährleistet wird.[99]

Es muß jedoch eingeräumt werden, daß das Quantifizieren bestimmter Ziele ein nicht triviales Unterfangen darstellt. Gegebenenfalls ist nach dem trial-and-error-Prinzip vorzugehen und die Balanced Scorecard solange umzustellen, bis eine brauchbare Alternative gefunden ist.[100] *Kaplan* und *Norton* betonen allerdings, daß die fundamentale Verbesserung der Unternehmenstätigkeit (die sich in der Verbesserung der weichen Kennzahlen ausdrückt) auch eine Verbesserung der monetären Größen nach sich ziehen sollte und bei gegenteiligen Auswirkungen die Strategie neu überdacht werden muß.[101]

Der folgende Abschnitt dient dem angekündigten Vergleich der vorgestellten Kennzahlensysteme mit der anschließenden Auswahl eines geeigneten Systems zur Führungsunterstützung.

---

[98] Vgl. Kaufmann (1997), S. 422.
[99] Vgl. Kaufmann (1997), S. 425.
[100] Vgl. Kaplan/Norton (1992), S. 44; Olve/Roy/Wetter (1999), S. 191.
[101] Vgl. Kaplan/Norton (1992), S. 44.

2.3.4 Auswahl eines Kennzahlensystems zur Modellierung

In den vorherigen Abschnitten wurden vier gängige Kennzahlensysteme vorgestellt, von denen im weiteren Verlauf mit Hilfe des Katalogs aus Abschnitt 2.3.2 ein System gefunden werden soll, das den Ansprüchen des Managements gerecht werden kann und damit als Ausgangsbasis für die Modellierung in Kapitel 4 dienen soll. Die folgende Tabelle bietet dazu einen zusammenfassenden Überblick.

Anforderung	DuPont (1)	ZVEI (2)	RL (3)	BSC (4)
1. Quantifizierbare Größen	x	x	x	x
2. Konfliktfreiheit	x	x	x	(x)
3. Vergangenheits-/zukunftsorientiert	x/(x)	x/(x)	x/(x)	x/x
4. Einheitliche Bewertung	x	x	x	x
5. Zur unternehmensinternen Rechnung	i+e	i+e	i+e	i
6. Kompakt – Konzentration auf das Wesentliche	x	o	x	x
7. Kosten-Nutzen-Relation	-	-	-	-
8. Vollständigkeit	o	o	o	x
9. Flexibilität	x	(x)	x	x

x – vorhanden/möglich, (x) – mit Einschränkungen vorhanden/möglich, o – nicht vorhanden/unmöglich, i – intern, e – extern, - nicht bewertbar

Tabelle 1: Kennzahlensystem-Vergleich

In bezug auf Tabelle 1 kann festgestellt werden, daß der Punkt *Quantifizierbarkeit* ohne Komplikationen von den Systemen (1)–(3) erfüllt wird. Die Balanced Scorecard muß hier gesondert erwähnt werden, da sie entgegen den anderen Systemen in besonderem Maße auf weiche Kennzahlen abstellt, deren Quantifizierung teilweise schwer fällt und auf jeden Fall einen höheren Aufwand mit sich bringt als das bloße Festlegen monetärer Größen. Es wird bei diesem Konzept aber ausdrücklich bekräftigt, daß gerade diese Quantifizierung erfolgen soll.[102]

Die *Konfliktfreiheit* der Systeme (1)–(3) muß an dieser Stelle vorausgesetzt werden, da die Autoren/Entwickler mit großer Akribie an der Erstellung der jeweiligen Kennzahlensysteme gearbeitet haben (was u.a. auch an den Schaubildern der einzelnen Kennzahlensysteme deutlich wird) und nicht zuletzt die weite Verbreitung für diesen Punkt spricht. Die Ausrichtung der Kennzahlen an einer Spitzenkennzahl, die das quantitative Oberziel der Unternehmung darstellt, ist ein weiterer Beweis für das

---

[102] Vgl. Kaufmann (1997), S. 422.

Streben nach Konfliktfreiheit.[103] Bei der Balanced Scorecard ist in dieser Hinsicht Vorsicht geboten. Die vier modellhaften Perspektiven mögen zwar noch keinen Widerspruch in sich tragen, schließlich aber obliegt es jedem Anwender selbst, einzelne Ziele innerhalb dieser Perspektiven zu spezifizieren und zu quantifizieren. Eine „automatische Vermeidung von Zielkonflikten" ist deshalb nicht zwingend gegeben.

Unproblematisch ist die Handhabung aller Kennzahlensysteme in bezug auf das Einsetzen von sowohl *retrospektiven* Ist- als auch *prospektiven* Sollgrößen, da diesbezüglich zur Unternehmenssteuerung ein Vergleich der Vorgaben mit den Istwerten erfolgen soll, um in einer Abweichungsanalyse Ursachen für die Differenzen festzustellen.[104] Allerdings muß festgehalten werden, daß die Zukunftsorientierung der Balanced Scorecard etwas anders zu verstehen ist, als die der anderen drei Kennzahlensysteme, welche nicht explizit auf eine Unternehmensstrategie in Form einer Zukunftsvision und der daraus operationalisierten Kennzahlen zurückgreifen.

Eine *einheitliche Benennung und Bewertung* der Größen innerhalb des Systems kann als Voraussetzung für einen stetigen periodenübegreifenden Einsatz in der Unternehmung gesehen werden und wird daher als gegeben angenommen.

Die Kennzahlensysteme (1)–(3) lassen sich für interne aber auch für externe Zwecke einsetzen, da ihre Zahlen teilweise aus dem internen, teilweise aus dem externen Rechnungswesen übernommen werden. Einschränkungen ergeben sich daher sowohl für interne als auch für externe Analysen aufgrund des zur Verfügung stehenden Zahlenmaterials. Vor allem der Ansatz und die Bewertung der Größen im externen Rechnungswesen spielen eine entscheidende Rolle für die Verwendbarkeit der Zahlen bei der internen Analyse. Die Balanced Scorecard läßt sich hier einfacher klassifizieren, da sie mit ihrem großen Anteil von, auf internen Größen basierenden, weichen Kennzahlen für das interne Rechnungswesen auch sinnvoll einsetzbar ist.

Die *Konzentration auf das Wesentliche* bzw. die *Kompaktheit* sind Punkte, die nur sehr subjektiv einzuschätzen sind. Das DuPont-System kann als kompakt angesehen werden, weil nur drei Relativzahlen vorhanden sind, die durch die dazu notwendigen Absolutzahlen bestimmt werden. Das ZVEI-Kennzahlensystem mit über 200 Kennzahlen entzieht sich schon eher der schnellen Übersicht. Bei näherer Betrachtung entsteht der Eindruck, daß sich mit Hilfe dieses Systems eher eine detaillierte Analyse verwirklichen läßt als die Wahrung eines kurzen kompakten Überblicks.[105] Das RL-

---

103 Vgl. Reichmann/ Lachnit (1976), S. 707.
104 Dieser Punkt rechtfertigt zumindest die eingeschränkte Zukunftsorientierung (Kreuz in Klammern [Anforderung 3, Tabelle 1).
105 Schon allein für einen Überblick über das Wachstum des Unternehmens werden zehn verschiedene Kennzahlen betrachtet, die mit dem entsprechenden Aufwand über die Hilfskennzahlen, erst einmal berechnet sein wollen [vgl. Betriebswirtschaftlicher Ausschuß des ZVEI (1976), S. 16].

Kennzahlensystem wurde gemäß *Reichmann* und *Lachnit* u.a. unter der Prämisse
entwickelt, sich auf wenige Zahlen zu beschränken, um so das Wesentliche hervor-
zuheben.[106] Gleiches gilt für die Balanced Scorecard.[107]

Die Frage nach der *Kosten-Nutzen-Relation* bezüglich des Einsatzes eines Kennzahlensystems ist ebenso schwierig zu beantworten, da je nach Größe des Unternehmens, Ausprägung und Vorhandensein des Rechnungswesens, Art des computergestützten DV-Einsatzes usw. das Kosten-Nutzen-Verhältnis sehr unterschiedlich
ausfallen kann. Eine Bewertung muß daher unternehmensindividuell vorgenommen
werden und kann hier nicht erfolgen.

Ein Kennzahlensystem soll dem Anspruch nach *Vollständigkeit* genügen. Hier läßt
sich ein Trend in der Zeit vermuten, der aufzeigt, daß neue Kennzahlensysteme
immer dann zu entstehen scheinen, wenn die aktuellen den Anforderungen nicht
mehr gerecht werden, wenn also zusätzliche Informationen benötigt werden und
somit das Vorhandene aus derzeitiger Sicht nicht mehr vollständig ist. So gesehen
kann nur die Balanced Scorecard mit der Berücksichtigung auch nicht-monetärer
Zahlen, die im Rahmen des Performance Measurement sehr an Bedeutung gewonnen
haben, dem Anspruch nach Vollständigkeit genügen.

Die Forderung nach *Flexibilität* resultiert aus der Notwendigkeit, sich wechselnden
Bedingungen des Marktes als auch der Unternehmensstruktur hinreichend schnell
anpassen zu können. Das DuPont-System hat im Laufe seiner Anwendung zahlreiche Modifikationen erfahren, die seine Flexibilität unter Beweis gestellt haben. Durch
die fehlende mathematische Verknüpfung der Kennzahlen im RL-Kennzahlensystem
ist es möglich, schnell Zahlen einzufügen oder herauszunehmen, ohne daß der Gesamtzusammenhang der übrigen Zahlen darunter zu leiden hätte, vorausgesetzt man
beachtet die in Punkt 2 angesprochene Konfliktfreiheit. Außerdem ist speziell der
Sonderteil darauf ausgelegt, solche Anpassungen vorzunehmen, da er sich auf die
unternehmensspezifischen Gesichtspunkte ausrichtet. Das ZVEI-Kennzahlensystem
ist sicherlich schwieriger zu erweitern, da zwischen allen Kennzahlen Abhängigkeiten
bestehen, die in die Überlegung einfließen müssen. Eine Reduzierung ist dagegen
einfacher zu bewerkstelligen, da anstatt des Gesamtsystems nur noch Teilausschnitte
betrachtet werden, wie es z.B. von externen Analysten aufgrund unvollständiger
Informationen gehandhabt werden muß.[108] Die Balanced Scorecard bietet in dieser
Hinsicht Freiräume, die den anderen Kennzahlensystemen verwehrt bleiben. Dadurch, daß sie nur ein Rahmenkonzept darstellt, welches erst durch die Anwendung

---

[106] Vgl. Reichmann/ Lachnit (1976), S. 707.
[107] Vgl. Kaplan/Norton (1992), S. 38.
[108] Vgl. Küting (1983a), S. 292.

im Unternehmen mit konkreten Kennzahlen gefüllt wird, können leicht unternehmensindividuelle Kennzahlen hinzufügt oder auch entfernt werden.

Aufgrund dieser neun Anforderungen an ein Kennzahlensystem ist deutlich geworden, daß die meisten grundlegenden Sachverhalte von allen hier vorgestellten Systemen erfüllt werden. Einschränkungen ergeben sich beim ZVEI-System hinsichtlich der Konzentration auf das Wesentliche und der Flexibilität sowie bei den Ansätzen nach DuPont, ZVEI sowie *Reichmann* und *Lachnit* hinsichtlich der Zukunftsorientierung und Vollständigkeit. So einfach der letzte Punkt auch klingen mag, so wichtig ist er für die Akzeptanz des Systems. Gerade bei zunehmender Unternehmensgröße entstehen Informationsasymmetrien,[109] die durch die Vollständigkeit eines Kennzahlensystems ausgeglichen werden sollten. Genau dort hat die Balanced Scorecard einen Vorteil gegenüber den anderen Systemen, da sie an jede Situation anpaßbar ist. Auf der anderen Seite steht der Nachteil, daß durch die wenigen Vorgaben die Anpassung an das Unternehmen durch einen Spezialisten erfolgen muß, der Vor- und Nachteile bestimmter Kennzahlen auf verschiedene Situationen projizieren kann und damit die „richtigen" für die Unternehmung auswählt, um so das Gesamtsystem konfliktfrei zu halten.

Dennoch oder gerade deshalb beinhaltet die Balanced Scorecard ein Konzept, an dem gezeigt werden kann, wozu die moderne Datenverarbeitung im Rahmen der Wirtschaftsinformatik, insbesondere modell- und modellierungstechnisch, bei der Darstellung ausgewählter Perspektiven eines solchen Systems fähig ist.

2.4 Kritische Würdigung

In den bisherigen Abschnitten wurde die Rolle von betriebswirtschaftlichen Kennzahlensystemen in der Unternehmung zur Führungsunterstützung im Rahmen der Planung, Steuerung und Kontrolle herausgestellt. Das Kapitel hat gezeigt, daß eine Kennzahl allein nicht das Allheilmittel für die Deckung des ständigen Informationsbedarfs des Managements darstellt, sondern auch Gefahren durch allzu hohe Verdichtung und daraus resultierendem Informationsverlust bergen kann. Aus diesem Grund wurde schon frühzeitig der Versuch unternommen, dieser Gefahr zu entgehen. Die Folge war die Entwicklung von logisch zusammenhängenden Systemen von Kennzahlen, die helfen sollen, diesen Informationsverlust durch Aufzeigen wechselseitiger Abhängigkeiten zu kompensieren. Die ersten drei im Abschnitt 2.3.3 vorgestellten Kennzahlensysteme sind in der Praxis weit verbreitet und werden in der Literatur im Rahmen der Vorstellung von Kennzahlensystemen immer wieder aufge-

---

[109] Vgl. Horváth (1998), S. 545.

nommen.[110] Ihnen wurde ein neuer Ansatz gegenübergestellt, der versucht, die Vorteile der bewährten Systeme zu nutzen, aber gleichzeitig den Schritt in Richtung einer Darstellung nicht einfach zu quantifizierender Größen unternimmt.

Im Rahmen des zunehmenden Konkurrenzdrucks wünschen sich Führungskräfte eine ausgewogene Gesamtschau auf das Unternehmen, die sie neben den monetären auch „weiche" Kennzahlen in strategische Überlegungen einbeziehen läßt.[111] Der Faktor Information spielt dabei eine besonders herausragende Rolle.[112] Je schneller das Management über bestimmte Tatsachen informiert ist, desto mehr Zeit bleibt, um angemessen reagieren zu können. Dazu muß auf der einen Seite das Kennzahlensystem selbst durch Bereitstellung schnell zu ermittelnder Größen beitragen. Auf der anderen Seite kommt der Geschwindigkeit, mit der die Informationen erstellt und transportiert werden können, eine tragenden Rolle zu.[113] Daher ist es von besonderer Bedeutung, sich die Möglichkeiten der modernen Datenverarbeitung zunutze zu machen und diese bestmöglich in Wissensvorsprünge umzusetzen. Technologien, die genau das bewirken sollen, werden im nächsten Kapitel vorgestellt.

---

[110] Vgl. Reichmann (1997), S. 22ff; Horváth (1998), S. 548ff.
[111] Vgl. Kaplan/Norton (1992), S. 37; Kaufmann (1997), S. 422.
[112] Zur Bedeutung von Information als Produktions- und Wettbewerbsfaktor siehe z.B. Picot (1990).
[113] Vgl. Gluchowski/Gabriel/Chamoni (1997), S. 28 und 34.

3 Modelle und Modellierungsmethoden für mehrdimensionale analyseorientierte Datenbanksysteme

Informationen und Informationsverarbeitung werden zunehmend zum strategischen Wettbewerbsfaktor.[114] Trotzdem ist es immer noch nicht selbstverständlich, die richtigen Informationen zum richtigen Zeitpunkt am richtigen Ort zu erhalten.[115] Analyseorientierte Informationssysteme, nicht selten auf der Basis mehrdimensionaler Datenbanksysteme, stellen sich dieser Herausforderung und versuchen, ihren Beitrag zur Unterstützung von Führungsaufgaben im Unternehmen zu leisten. Bevor jedoch untersucht werden kann, ob und in welcher Form die in Kapitel 2 vorgestellten Kennzahlensysteme in mehrdimensionalen Datenbanksystemen wiedergegeben werden können, müssen diese zunächst genauer dargestellt werden. Besondere Bedeutung erlangen in diesem Zusammenhang die Datenmodelle als Basis der Datenbanksysteme, die als „Brücke" zwischen der realen Welt und der speziellen DV-Anwendung fungieren. Die Vorgehensweise zu deren Erstellung sollte deshalb einen wichtigen Platz bei der Einführung eines neuen Datenbanksystems einnehmen.

Eine kurze Einführung in das Gebiet der analyseorientierten Informations- und mehrdimensionalen Datenbanksysteme erfolgt daher in Abschnitt 3.1. Gegenstand der anschließenden Betrachtung sind die den Datenbanksystemen zugrundeliegenden Datenmodelle mit ihren Besonderheiten im mehrdimensionalen Umfeld (Abschnitt 3.2). Nach dem Erarbeiten der theoretischen Grundlagen werden in Abschnitt 3.3 Bereiche aufgezeigt, in denen die in Abschnitt 3.2 erläuterten Strukturen Anwendungen finden. Die zur Modellierung von Datenmodellen für diese Anwendungen erforderlichen Vorgehensweisen stehen im Mittelpunkt des Abschnitts 3.4. Der letzte Abschnitt beschließ mit einem kurzen kritischen Ausblick dieses Kapitel.

3.1 Analyseorientierte Informationssysteme – ein Überblick

Das Verwenden des Begriffes des analyseorientierten mehrdimensionalen Datenbanksystems erfordert eine – zumindest kurze – Auseinandersetzung mit den analyseorientierten Informationssystemen sowie den transaktionsorientierten Systemen, die sich beide in den Gesamtzusammenhang der betrieblichen Informationssysteme einordnen lassen.

---

[114] Vgl. Picot (1990), S. 6ff.; Behme/Mucksch (1998), S. 5; Streubel (1996), S. 1.
[115] Vgl. Behme/Muksch (1998), S. 9.

3.1.1 Betriebliche Informationssysteme

Als Ausgangspunkt für die folgenden Betrachtungen sei die Abbildung 3 gewählt,
welche die Beziehungen zwischen transaktions- und analyseorientierten Informationssystemen idealtypisch veranschaulicht.

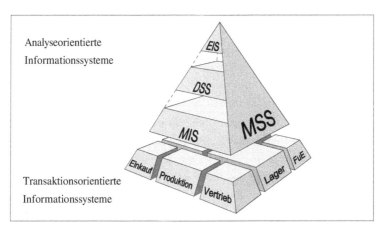

Abbildung 3: Betriebliche Informationssysteme
(Quelle: in Anlehnung an Gluchowski/Gabriel/Chamoni (1997), S. 238 und Chamo-
ni/Gluchowski (1998a), S. 11)

Transaktionsorientierte und analyseorientierte Informationssysteme stellen Teilmengen[116] betrieblicher Informationssysteme dar, die hier als computergestützte Infor-
mations- und Kommunikationssysteme (IuK-Systeme) betrachtet werden.[117] Bestandteile eines solchen IuK-Systems sind nicht nur Informations- und Kommu-
nikationstechniken (IuK-Techniken), sondern auch die betrieblichen Anwendungs-
und Aufgabenbereiche sowie Menschen.[118] Der Mensch wird dabei als Systemkom-
ponente verstanden, die einerseits als Gestalter die Anwendungsbereiche und Tech-
niken beeinflußt, andererseits aber wiederum als Benutzer von diesen beeinflußt
wird.[119] Der Anwendungsbereich repräsentiert den Zweck des IuK-Systems, nämlich
bestimmte Aufgaben zu erfüllen. Der Einsatzgrad der IuK-Technik hängt dabei stark
von der Formalisierbarkeit dieser Aufgaben ab. Ein derartiges betriebliches Infor-

---

[116] Die idealisierte Darstellung zweier disjunkter Teilmengen dient dabei nur der Veranschaulichung
und kann so bei praktischen Anwendungen kaum aufrechterhalten werden, da sich Funktionalitä-
ten und Aufgaben beider Teilbereiche oft überschneiden.
[117] Der Begriff Informationssystem stellt im Verlauf dieser Arbeit immer auf ein rechnergestütztes
Informationssystem ab. Die Erfassung, Speicherung, Übertragung und Transformation von Informationen läuft dabei zumindest teilweise automatisiert ab [vgl. Hansen (1996), S. 69].
[118] Vgl. Gluchowski/Gabriel/Chamoni (1997), S. 41.
[119] Vgl. Hesse/ Barkow/von Braun / Kittlaus / Scheschonk (1994), S. 43.

mations- und Kommunikationssystem dient damit der Abbildung der Leistungsprozesse und Austauschbeziehungen innerhalb des Betriebes sowie zwischen dem Betrieb und seiner Umwelt.[120] Daraus ergibt sich eine mögliche Differenzierung zwischen internen und externen Informationssystemen[121]. Im Mittelpunkt dieser Arbeit
stehen allerdings nur die internen Informationssysteme.

Modernen Ansätzen zufolge, die auf veränderte organisatorische Rahmenbedingungen in der Unternehmung zurückzuführen sind, werden Informationssysteme nicht
mehr in bezug auf bestimmte Personengruppen, sondern die damit zu erfüllenden
Aufgaben in der Unternehmung eingeteilt.[122] Es lassen sich grundsätzlich operative
und dispositive (bzw. analytische) Aufgaben unterscheiden.[123]

Die operativen Aufgaben werden mit Hilfe der in Abbildung 3 dargestellten transaktionsorientierten Informationssysteme gelöst, die auch als operative Informationssysteme, Administrations- und Dispositionssysteme oder kurz Transaktionssysteme
bezeichnet werden.[124] Beispiele für diese Art von Aufgaben sind Sachbearbeitungs-
und Unterstützungsaufgaben. Ihr Merkmal ist die weitgehende Strukturierbarkeit und
Formalisierbarkeit. Eine gute Unterstützung der Aufgabenträger durch einen hohen
Grad an Automatisierung ist damit durch die Transaktionssysteme gewährleistet.[125]

Dispositive bzw. analytische Aufgaben sind sowohl Anwendungsfelder für Planungs-
und Kontrollsysteme und Informationssysteme im Rahmen des Controlling als auch
Führungssysteme i.e.S., sofern die betriebswirtschaftliche Sicht aus Abbildung 1 (S. 4)
zugrunde gelegt wird. Diese Aufgaben sind dadurch gekennzeichnet, daß sie sich
nicht in immer wiederkehrende Routinemuster pressen lassen, sondern eher unstrukturierter Natur sind. Dazu zählen Führungsaufgaben, die das Management
betreffen, aber auch Fachaufgaben, die Spezialwissen in abgegrenzten Aufgabengebieten erfordern.[126] Aufgrund der schlechten Formalisierbarkeit kann keine vollständige Automatisierung, sondern nur eine Unterstützung dieser Tätigkeiten, erfolgen.[127]
Betriebliche Informationssysteme, die dabei helfen, werden unter dem Oberbegriff

[120] Vgl. Gluchowski/Gabriel/Chamoni (1997), S. 41.
[121] Die Wortkombination Informations- und Kommunikationssystem wird im weiteren Verlauf
       vereinfachend mit dem Begriff Informationssystem gleichgesetzt.
[122] Vgl. Chamoni/Gluchowski (1999a), S. 10; Hansen (1996), S. 77f.
[123] Vgl. Chamoni/Gluchowski (1999a), S. 10.
[124] Vgl. Chamoni/Gluchowski (1999a), S. 10; Gluchowski/Gabriel/Chamoni (1997), S. 46; ähnlich
       Scheer (1994), S. 5, genauer Mertens/Griese (1997), S. 11.
[125] Vgl. Gabriel/Begau/Knittel/Taday (1994), S. 16.
[126] Vgl. Gabriel/Begau/Knittel/Taday (1994), S. 16; Gluchowski/Gabriel/Chamoni (1997), S. 18-19.
[127] Der Computer als Hilfsmittel ist somit v. a. dort einzusetzen, wo er dem Menschen klar überlegen
       ist. Das Potential der „stupiden" Arbeitsmaschine PC im Bereich der Analyseaufgaben wird dabei
       oft unterschätzt. Nach Meinung von *Bissantz* werden menschliche Analysetätigkeiten oft für individueller gehalten, als sie es tatsächlich sind, wodurch eine Rechnerunterstützung nicht zustande
       kommt, obwohl sie eigentlich angebracht wäre [vgl. Bissantz (1999), S. 376].

der Managementunterstützungssysteme (MUS oder MSS für Management Support Systems) zusammengefaßt.[128]

Diese Managementunterstützungssysteme unterliegen einer Dreiteilung, die größtenteils historisch begründet und analog zur Abgrenzung von transaktions- und analyseorientierten Systemen als idealisiert zu verstehen ist.

Managementinformationssysteme (MIS) stellten den ersten Versuch dar, aus vorhandenen Daten Informationen für Planungs- und Kontrollprozesse abzuleiten.[129] MIS heutiger Prägung erlauben Managern verschiedener Hierarchieebenen, detaillierte und verdichtete Informationen ohne Modellbildung und logisch algorithmische Bearbeitung aus der operativen Datenbasis zu entnehmen.[130] Die nachfolgenden Entscheidungsunterstützungssysteme (EUS oder DSS für Decision Support Systems) entstanden mit dem Ziel, über die reine Informationsbereitstellung hinaus eine effektive Unterstützung im Planungs- und Entscheidungsprozeß zu gewährleisten.[131] Unter heutigen DSS werden interaktive EDV-Systeme verstanden, die den Manager im Unterschied zu den MIS mit Modellen und Methoden in schlecht strukturierten Entscheidungssituationen unterstützen.[132] Führungsinformationssysteme (FIS oder EIS für Executive Information Systems) zielten ab Mitte der 80er Jahre besonders auf die oberen Führungsetagen ab und versprachen intuitiv zu bedienende dialogorientierte Benutzungsoberflächen zur Datenanalyse und -präsentation ohne komplizierte Entscheidungsmodelle.[133] Im Mittelpunkt steht heute die strukturierte Darstellung von wenigen kritischen Erfolgsfaktoren in Form von Kennzahlen.[134] Allerdings sind die Grenzen zwischen den einzelnen Systemen nicht trennscharf gezogen und eher schwer auszumachen.[135] So übernehmen FIS im alltäglichen Betrieb beispielsweise Aufgaben von DSS usw.[136]

Eine moderne Unternehmungsorganisation mit flacheren Hierarchien führt heutzutage dazu, daß bestimmte Personen sowohl operative als auch dispositive Aufgaben übernehmen und sich somit der entsprechenden Informationssysteme bedienen. Auf dem Gebiet der dispositiven bzw. analytischen Aufgabenbereiche werden in letzter Zeit verstärkt neuere Konzepte diskutiert, die Lösungen für die Schwachpunkte

---

[128] Vgl. Chamoni/Gluchowski (1999a), S. 9 oder Gluchowski/Gabriel/Chamoni (1997), S. 44 und S. 238.
[129] Vgl. Chamoni/Gluchowski (1999a), S. 6.
[130] Vgl. Gluchowski/Gabriel/Chamoni (1997), S. 152.
[131] Vgl. Chamoni/Gluchowski (1999a), S. 7.
[132] Vgl. Chamoni/Zeschau (1996), S. 53; Gluchowski/Gabriel/Chamoni (1997), S. 168
[133] Vgl. Chamoni/Gluchowski (1999a), S. 8 und Gluchowski/Gabriel/Chamoni (1997), S. 203.
[134] Vgl. Behme/Mucksch (1998), S. 20.
[135] Vgl. Behme/Mucksch (1998), S. 15.
[136] Vgl. Behme/Schimmelpfeng (1993) S. 14.

bisheriger MUS versprechen. Begriffe wie Data Warehouse (vgl. Abschnitt 3.3.1),
On-Line Analytical Processing (OLAP – vgl. Abschnitt 3.3.2) und Data Mining[137]
stehen dabei im Vordergrund. Analytische bzw. analyseorientierte Informationssysteme stellen eine Zusammenfassung dieser Begriffswelt dar.[138]

Nach diesen einführenden Erläuterungen erfolgt im nächsten Abschnitt eine Konkretisierung des Datenbankbegriffs.

3.1.2 Datenbanksysteme im Kontext betrieblicher Informationssysteme

Ein ständiger Unternehmenswandel macht es notwendig, die entsprechenden Komponenten eines betrieblichen Informationssystems an immer neuen Anforderungen
auszurichten. Moderne Datenbanksysteme, auf denen ein Großteil der operativen
und analyseorientierten Informationssysteme basiert, sehen deshalb eine strenge
Trennung von Daten und Programmen vor, womit sich im Idealfall einzelne Komponenten eines solchen Datenbanksystems ohne gegenseitige negative Auswirkungen
neuen Bedürfnissen anpassen lassen.[139]

Ein Datenbanksystem läßt sich dabei in die Datenbasis und das Datenbankverwaltungssystem gliedern.[140] Die Datenbasis beinhaltet alle gespeicherten Daten, während
das Datenbankverwaltungssystem die gesamten Programme enthält, die notwendig
sind, um den Zugriff auf die Datenbasis zu regeln, die Kontrolle der Konsistenz
vorzunehmen und Datenmanipulationen durchzuführen.[141] *Gabriel* und *Röhrs* messen den Programmen, die zur Kommunikation der Anwender, wie auch anderer
Anwendungsprogramme, mit dem Datenbanksystem dienen, eine besondere Bedeutung bei und bezeichnen diesen dritten Bestandteil als Kommunikations-
schnittstelle.[142]

---

[137] Das Data Mining befaßt sich wie das On-Line Analytical Processing mit der Analyse von Datenbeständen und läßt sich als Kernaktivität des Knowledge Discovery in Databases auffassen [vgl.
Chamoni (1999), S. 357]. Die Aufgabe von Data Mining-Anwendungen besteht darin, Bezie-
hungsmuster, statistische Zusammenhänge, Regelmäßigkeiten bzw. Auffälligkeiten in großen Datenbeständen zu identifizieren [vgl. Düsing (1999), S. 349]. Man bedient sich dabei komplexer
Verfahren der Statistik, Heuristik und der Forschung der Künstlichen Intelligenz [vgl. Düsing
(1999), S. 350; Chamoni (1999), S. 355; Degen (1999), S. 393-412]. Anwendungsfelder ergeben
sich im gezielten Marketing und Vertrieb, aber auch der Aktienanalyse u.v.m. Vgl. dazu Schlös-
ser/Breitner (1998), S. 10f.
[138] Diese Begriffsbildung wird in Chamoni/Gluchowski (1999a), S. 3, 5 und 11 vorgenommen.
[139] Dies wurde u.a. schon 1983 von *Schlageter* und *Stucky* [vgl. Schlageter/Stucky (1983), S. 21f.]
gefordert und kann heute als umgesetzt angesehen werden.
[140] Vgl. Kemper/Eickler (1997), S. 15; Wedekind (1997b), S. 115.
[141] Vgl. Kemper/Eickler (1997), S. 15.
[142] Vgl. Gabriel/Röhrs (1995), S. 256.

Je nach Aufgabentyp kann analog den betrieblichen Informationssystemen zwischen transaktions- und analyseorientierten Datenbanksystemen unterschieden werden. Die Form der Pyramide in Abbildung 3 soll u.a. auch verdeutlichen, daß mit zunehmender Höhe neben der Verantwortung der betroffenen Personen in der Unternehmung auch der Grad der Informationsverdichtung steigt.[143] Die Datenbanksysteme, die Informationen auf der kleinsten Detailebene betrachten und sich mit den täglich anfallenden Transaktionen auseinandersetzen, werden als OLTP-Datenbanksysteme[144] bezeichnet. Deren Funktion ist somit eine „möglichst effiziente Verarbeitung des relativ statischen Tagesgeschäfts einer Unternehmung"[145] und eine Automatisierung von Sachbearbeitungs- und Unterstützungsaufgaben. Die für analytische Aufgaben herangezogenen Datenbanksysteme verrichten ihren Dienst als Data Warehouse- und/oder als OLAP-Datenbanksysteme und arbeiten im Regelfall nicht mit den detailliertesten, sondern mit aggregierten Daten.[146] Diese werden dafür derartig gespeichert und verwaltet, daß Analysen über große Datenbestände ermöglicht werden und somit strategische Informationen aus der Vielzahl von Einzeldaten abgeleitet werden können.[147]

Eine Trennung zwischen transaktions- und analyseorientierten Datenbanksystemen wird sowohl aus DV-technischen als auch betriebswirtschaftlichen Gründen vorgenommen. Diese sind im folgenden kurz zu erläutern.

Analyseorientierte Datenbanksysteme sollen mittels geeigneter auf der Datenbank aufsetzender Analysetools dem Entscheider helfen, die für ihn notwendigen Informationen durch intuitives Navigieren durch den Datenbestand zügig aufzufinden. Dafür müssen die Daten in einer Form vorliegen, die von den operativen Datenbanksystemen differiert. Attribute, wie z.B. die Farbe eines Autos, die für eine einzelne Transaktion eher nebensächlich sind, können für den Manager von entscheidender Bedeutung sein. Daneben sind Zeitreihenanalysen ein wichtiges Instrument zum Abschätzen von Trends und Erstellen neuer strategischer Vorgaben. In den analyseorientierten Datenbanksystemen müssen somit Daten auch über Jahre hinweg noch für diese Analysezwecke verfügbar sein. In den operativen Datenbanksystemen dagegen liegen aus Performance-Gründen nur die aktuellsten Daten vor. Zusätzlich muß für die verwendeten betriebswirtschaftlichen Bezeichnungen ein durchgängig

---

[143] Vgl. Holthuis/Mucksch/Reiser (1995), S. 6; Scheer (1994), S. 6.

[144] Der Begriff OLTP steht für On-Line Transaktion Processing.

[145] Mucksch/ Behme (1998), S. 48.

[146] Bei entsprechendem Bedarf besitzen die meisten analytischen Informationssysteme aber auch die Möglichkeit, bis auf die Daten der operativen Systeme durchzugreifen (drill-through).

[147] Vgl. Forsman (1997), Abschnitt „What is OLAP?".

einheitliches Begriffsverständnis vorherrschen, was bei den operativen Systemen, die im Laufe der Zeit in der Unternehmung gewachsen sind, oft nicht der Fall ist.[148] Durch diese verschiedenen Aufgabenfelder unterscheiden sich die DV-Anforderungen an beide Arten von Datenbanksystemen sehr stark voneinander.[149] Operative Datenbanksysteme werden über einen langen Zeitraum mit relativ identischer Auslastung betrieben, da zwar viele Anfragen an die Datenbank abgearbeitet werden, diese aber nur einen Bruchteil der Datenbestände einbeziehen. Dagegen haben analyseorientierte Datenbanksysteme aufgrund der Komplexität der Abfragen über sehr große Datenbestände mit Auslastungsspitzen von 100% zu kämpfen, um im nächsten Moment nahezu unausgelastet zu sein. Aus diesem Grund ist es nicht angebracht, sowohl operative als auch analyseorientierte Aufgaben mit Hilfe nur eines Datenbanksystems zu bewältigen. Vielmehr müssen die Systeme auf die unterschiedlichen Anforderungen zugeschnitten werden, womit auch Unterschiede in den zugrundeliegenden Datenmodellen erforderlich sind, auf die im nächsten Abschnitt eingegangen werden soll.

Trotz dieser vorgenommenen Trennung aufgrund verschiedener Anforderung ist auf das Zusammenspiel der Systeme zu achten, das im Integrationsgedanken zum Ausdruck kommt.[150] Der Austausch von Daten zwischen und innerhalb den transaktions- und analyseorientierten Systemen soll dabei bezogen auf die Systempyramide in Abbildung 3 sowohl horizontal als auch vertikal ohne Medienbruch erfolgen.[151] Dieser Punkt ist bei der Datenübertragung zwischen den einzelnen operativen Systemen, aber ebenso bei der Datenübertragung von operativen in analyseorientierte Systeme, von enormer Bedeutung, da sonst keine Rückverfolgung der Entstehung der Daten aus den Vorsystemen möglich ist.[152]

3.2 Modelle zur Abbildung mehrdimensionaler Datenstrukturen in mehrdimensionalen Datenbanksystemen

Nach der in Abschnitt 3.1 erfolgten Einteilung der Datenbanksysteme analog zu den betrieblichen Informationssystemen, liegt der Schwerpunkt dieses Abschnittes auf den Datenmodellen als Basis der Datenbankverwaltungssysteme, deren Art und Ausprägung eng im Zusammenhang mit dem zugeordneten Aufgabenbereich des jeweiligen Datenbanksystems steht.

---

[148] Vgl. Becker (1993), S. 22.
[149] Vgl. Mucksch/ Behme (1998), S. 50; Kenan Systems Corporation (1995), S. 26.
[150] Vgl. Vetter (1994), S. 45.
[151] Ausgedrückt wird dies auch in der „integrierte[n] Informationssysteme"-Pyramide von *Scheer* [vgl. Scheer (1994), S. 5]. Vgl. zu diesem Thema auch Holthuis/Mucksch/Reiser (1995), S. 6f.
[152] Vgl. Becker/Priemer/Wild (1994), S. 422f.; Totok/Jaworski (1998), S. 33; Becker (1993), S. 24.

Nach einer Auseinandersetzung mit dem allgemeinen Begriff des Datenmodells in Abschnitt 3.2.1 beschäftigen sich die folgenden Abschnitte 3.2.2 und 3.2.3 mit mehrdimensionalen Datenstrukturen. Abschnitt 3.2.2 dient dabei der Vorstellung von Beschreibungsmitteln, die zur Modellierung mehrdimensionaler Datenstrukturen genutzt werden können und die sich in diesem Kontext schon bewährt haben.[153] In Kapitel 4 erfolgt deren Anwendung bei der Modellierung des Kennzahlensystems. Der Diskussion möglicher Operationen auf diesen mehrdimensionalen Datenstrukturen widmet sich Abschnitt 3.2.3. In Kapitel 5 wird später zu untersuchen sein, wie diese Operationen im konkreten Datenbanksystem implementiert sind.

3.2.1 Datenmodelle – Abgrenzung und Betrachtungsebenen

Bei der heutigen Datenflut nimmt der Zugriff auf und die Verwaltung von Daten einen immer höheren Stellenwert ein, um aus den enormen Datenbeständen die richtigen Information für den entsprechenden Zweck entnehmen zu können.[154] Neue Einsatzfelder von Datenbanksystemen im Unternehmen stellen neue Anforderungen dar, auf die von Seiten der Softwareindustrie reagiert werden muß.

Nach einer Auseinandersetzung mit dem Begriff des Datenmodells wird gezeigt, in welcher Hinsicht die herkömmlichen Datenmodelle den entsprechenden Anforderungen nicht mehr genügen bzw. warum für bestimmte Aufgaben andere (z.B. mehrdimensionale) Datenmodelle zum Einsatz kommen müssen. Nach einer begrifflichen Auseinandersetzung mit den Datenmodellen werden Konzepte mehrdimensionaler Datenstrukturen vorgestellt.

3.2.1.1 Datenmodellbegriff und Abstraktionsebenen

„Ein strukturiertes Abbild der Daten eines fest abgegrenzten Teils der wahrgenommenen Realität, die für eine bestimmte Anwendung bzw. für bestimmte Anwender relevant sind, einschließlich der zwischen ihnen bestehenden Beziehungen"[155] nennt man Datenmodell. Um einen Überblick über die dem Datenbanksystem zugrundeliegenden Strukturen der Daten und deren Beziehungen zu erhalten, müssen verschiedene Abstraktionsebenen unterschieden werden:[156]

---

[153] Vgl. Hahne (1998), S. 4ff.
[154] Vgl. Kemper/Eickler (1997), S. 15.
[155] Maier (1996), S. 19.
[156] Vgl. ANSI/X3/SPARC DBMS Study Group (1975), S. II-2ff.; Schlageter/Stucky (1983), S. 26;
Vossen (1994), S. 23; Gabriel/Röhrs (1995), S. 268; Kemper/Eickler (1997), S. 17-18.

- die logische Gesamtsicht der Unternehmensdaten (konzeptuelle bzw. konzeptionelle Ebene),

- die Sicht einzelner Anwendungsprogramme bzw. Benutzergruppen (externe Ebene),

- die physische Datenorganisation (interne Ebene).

Auf der konzeptuellen Ebene erfolgt die Sicht auf die Daten über ein sogenanntes Datenbankschema[157], das „ein integriertes Modell der gesamten Informationsmenge des jeweiligen Anwendungsbereichs (z.b. des gesamten Unternehmens) darstellt"[158]. Von Bedeutung ist dabei die Unabhängigkeit vom verwendeten Datenbanksystem; allerdings erfolgt schon eine Ausrichtung auf die zu verwendende Datenbanktechnologie. Das Datenmodell auf der konzeptuellen Ebene entsteht durch die Analyse der realen Welt über Abstraktion und sollte deshalb in Zusammenarbeit mit allen betroffenen Fachabteilungen entwickelt werden.[159] Festgelegt werden darin die Art der abzuspeichernden Daten, deren Wertebereiche und Integritätsbedingungen.[160] Dem Prozeß des Entwurfes des logischen Modells sollte besondere Beachtung beigemessen werden, da generell Fehler, die während der frühen Phasen der Entwicklung eines Anwendungssystems entstehen, später sehr viel teurer zu beheben sind als reine Implementierungsfehler.[161]

Hinzu kommt, daß sich die modellhafte Abbildung der Realwelt in ein logisches Modell, das in der Regel nur über einfache Konstrukte verfügt, als schwierig, wenn nicht gar unmöglich, erweist, da die zu überwindende semantische Lücke zu groß ist.[162] Deshalb versuchen semantische Datenmodelle, diese Lücke zwischen Realwelt und logischem Modell zu schließen. Die semantischen Modelle orientieren sich dabei relativ nah an der Realität und sind von dem konkret einzusetzenden Datenbanksystem und der einzusetzenden Datenbanktechnologie unabhängig.[163] Sowohl das

---

[157] Im Rahmen dieser Arbeit wird in diesem Zusammenhang auch von der Ausprägung einer Datenmodellart gesprochen. Vgl. dazu auch FN 188.

[158] Kemper/Eickler (1997), S. 17f.

[159] Vgl. Schlageter/Stucky (1983), S. 28; Hansen (1996), S. 955.

[160] Vgl. Rauh/Stickel (1997), S. 20.

[161] Vgl. Behme/Schimmelpfeng (1993), S. 7; Wirtz (1997), S. 364.

[162] Vgl. Behme/Ohlendorf (1994), S. 119; Lang/Lockemann (1995), S. 31; bezogen auf das Relationenmodell Heuer (1997), S. 127.

[163] Dieser Zusammenhang, der in Hahne/Schelp (1997), S. 6 angesprochen ist, kann zurückgeführt werden auf *Hull* und *King*, die dem semantischen Datenmodell einen größeren Abstand zum physisch implementierten Modell zusprechen [vgl. Hull/King (1987), S. 208]. *Gabriel* und *Röhrs* beschäftigen sich im Rahmen einer Informations- und Kommunikationsstrukturmodell-Erstellung ausführlich mit dem Prozeß des Erarbeitens eines semantischen Datenmodells, das sie als Informationsstrukturmodell verstehen [vgl. Gabriel/Röhrs (1995), S. 104f.].

semantische als auch das logische Datenmodell werden auf der konzeptionellen
Ebene eingeordnet.[164]

Die externe Ebene stellt Teilausschnitte (Views) des logischen Modells für verschiedene Benutzer(gruppen)perspektiven bereit,[165] da es gilt, den spezifischen Benutzer
weder Daten sehen zu lassen, die er nicht sehen will, noch ihm eine Sicht auf diejenigen Daten zu erlauben, die er nicht sehen soll.[166]

Steht das Datenmodell auf der konzeptuellen Ebene fest, muß geklärt werden, wie
die logisch beschriebenen Daten im Speicher abgelegt und welche Zugriffsmöglichkeiten geschaffen werden sollen.[167] Auf der physischen bzw. internen Ebene wird
somit die physikalische Speicherung der Daten betrachtet, werden die Zugriffspfade
verwaltet und erfolgt die Kommunikation mit dem Betriebssystem.[168] Diese Aufgaben und diese Sicht auf die Daten sind insbesondere Systemprogrammierern bzw.
Datenbankadministratoren vorbehalten und bleiben den Endbenutzern wie auch
Anwendungsprogrammen verborgen.[169]

Analog der Daten-Programm-Unabhängigkeit bezüglich der Komponenten eines
Datenbanksystems, wird auch eine Unabhängigkeit des konzeptionellen vom physischen Modell gefordert, so daß z.B. nachträgliche Änderungen am physischen Modell
für den Benutzer – der die Daten auf der logischen Ebene betrachtet – verdeckt
bleiben.[170]

Ziel der Abgrenzung verschiedener Sichten auf die Daten ist eine höhere Flexibilität
der drei beschriebenen Teilgebiete bedingt durch eine klare Trennung der Aufgaben-
und Verantwortungsbereiche.[171] Bekannt ist diese Einteilung unter dem Namen
3-Ebenen- oder 3-Schichten-Konzept.[172] Der Schwerpunkt dieser Arbeit liegt auf der
Betrachtung der konzeptionellen Ebene.

---

[164] Vgl. Schlageter/Stucky (1983), S. 43; Totok/Jaworski (1998), S. 15; *Scheer* nimmt ebenfalls eine
Einteilung der Beschreibungsebenen nach der Nähe zur Informationstechnik vor. Semantische
Modelle bilden das Fachkonzept, die logischen das DV-Konzept [vgl. Scheer (1994), S. 14ff.].
[165] Vgl. Gabriel/Röhrs (1995), S. 274; Kemper/Eickler (1997), S. 18.
[166] Vgl. Schlageter/Stucky (1983), S. 30; Vossen (1994), S. 24-25.
[167] Vgl. Schlageter/Stucky (1983), S. 33.
[168] Vgl. Ferstl/Sinz (1993), S. 347; Gabriel/Röhrs (1995), S. 271f.; Sanders (1995), S. 13.
[169] Vgl. Kemper/Eickler (1997), S. 18.
[170] Vgl. Kemper/Eickler (1997), S. 18; Sanders (1995), S. 13; Gabriel/Röhrs (1995), S. 268; Vossen
(1994), S. 23.
[171] Vgl. Gabriel/Röhrs (1995), S. 270.
[172] Vgl. Gabriel/Röhrs (1995), S. 268; Ferstl/Sinz (1993), S. 346. Eine ausführliche Beschreibung der
Bestandteile der externen, konzeptionellen und internen Modelle findet sich in
ANSI/X3/SPARC (1975), S. II-16 bis II-28.

3.2.1.2 Bestandteile eines Datenmodells

Nach der Beschreibung der verschiedenen Sichten auf die Daten werden im folgenden die Bestandteile eines Datenmodells für die hier relevante konzeptionelle Ebene voneinander abgegrenzt. Nach Brodie besteht ein Datenmodell, als mathematisch wohldefiniertes Konzept, aus:[173]

- statischen Eigenschaften, wie Datenobjekten, deren Attributen und Beziehungen zwischen den Objekten,

- dynamischen Eigenschaften, wie Operatoren, die sich auf die entsprechenden Datenobjekte anwenden lassen und

- Integritätsregeln, die festlegen, „welche Zustände von bzw. Übergänge zwischen Datenrepräsentationen zulässig, verboten oder geboten sind"[174].

Die Struktur der Datenobjekte wird in einem Datenbankverwaltungssystem mit Hilfe der Datendefinitionssprache (DDL, engl.: Data Definition Language)[175] festgelegt. Sie enthält Befehle zum Erzeugen, Ändern und Löschen von Teilen des Datenmodells.[176] Außerdem lassen sich die verschiedenen externen Sichten durch die DDL generieren,[177] und auf der physikalischen Ebene erfolgt die genaue Zuordnung von Speicherplätzen und Zugriffspfaden.[178] Die mit den Objekten möglichen Operationen lassen sich mit Hilfe der Datenmanipulationssprache (DML, engl.: Data Manipulation Language) beschreiben. Die grundlegenden Operationen betreffen das Erzeugen neuer sowie das Ändern und Löschen bereits bestehender Datenobjekte genauso wie den Zugriff auf diese. Als zusätzliches Merkmal beinhaltet eine DML eine sogenannte Abfragesprache (Query Language), die Auswertungen von Daten ermöglicht, indem sie spezielle Algorithmen zum Wiedergewinnen und Verdichten von Daten besitzt.[179]

---

[173] Vgl. Brodie (1984), S. 20; ähnlich Kemper/Eickler (1997), S. 19 und Wedekind (1997a), S. 119.
[174] Wedekind (1997a), S. 119.
[175] Häufig findet sich auch die Bezeichnung Datenbeschreibungssprache (Data Description Language), die auf die gleiche Abkürzung hinausläuft.
[176] Vgl. Gabriel/Röhrs (1995), S. 262.
[177] Vgl. Schreier (1997), S. 116.
[178] Vgl. Gabriel/Röhrs (1995), S. 262.
[179] Vgl. Gabriel/Röhrs (1995), S. 263; Brodie (1984), S. 21; ähnlich Kemper/Eickler (1997), S. 19f.; genauer Kratzer (1997), S. 117f.

3.2.1.3 Relationale Datenmodelle

Das heute am weitesten verbreitete Datenmodell findet sich in Form des Relatio-
nenmodells wieder, das 1970 von Codd vorgestellt wurde.[180] Zur Abbildung der
Objekte werden Tabellen (Relationen) herangezogen, die durch Beziehungen (Rela-
tionships) miteinander verknüpft sind.[181] Relationale Modelle haben sich vor allem in
Datenbanksystemen für operative Aufgaben bewährt, wodurch die vorher stärker
genutzten hierarchischen und Netzwerkmodelle immer mehr in den Hintergrund
gedrängt wurden.[182]

Der Versuch, diese herkömmlichen relationalen Modelle für analyseorientierte Datenbanksysteme einzusetzen, scheitert aber z.b. daran, daß komplexe Abfragen nicht
in ausreichender Geschwindigkeit ausgeführt werden und somit Datenbanksysteme
mit zugrundeliegenden relationalen Modellen wenig geeignet sind, den Manager bei
seinen Gedankengängen zur Herleitung von Entscheidungen zu unterstützen.[183]
Vielfach wird eine Berechnungsdauer für einfache Abfragen von nicht mehr als 1–2
Sekunden und für komplexe Abfragen von weniger als 20 Sekunden als ein Eig-
nungskriterium eines Datenbanksystems für die Entscheidungsunterstützung gesehen.[184] Die Ursache für die mangelnde Performance herkömmlicher relationaler
Datenbanksysteme ist darin zu suchen, daß diese für eine schnelle Abwicklung vieler
Einzeltransaktionen entwickelt wurden, und zur Vermeidung von durch Redundanz
verursachten Inkonsistenzen in der Datenhaltung bei der Entwicklung dieser relationalen Datenmodelle auf eine strenge Normalisierung der Tabellen bis möglichst zur
dritten Normalform zu achten ist.[185] Dadurch bedingt entsteht eine Vielzahl von
Tabellen, die bei Abfragen berücksichtigt werden müssen. Im operativen Bereich hat
sich anhand der Verbreitung und des Einsatzes relationaler Modelle gezeigt, daß sich
diese „Eigenart" bei transaktionsorientierten Datenbanksystemen in der Regel nicht

---

[180] Vgl. Codd (1970), S. 377ff. Eine Grafik dazu findet sich in Hansen (1996), S. 966. Dort ist der
        weltweite Umsatz mit relationalen DBS und prerelationalen DBS (Verwaltungsprogramme für se-
        quentielle, indizierte und gestreute Dateien, Netzwerk- und hierarchische DBS) gezeigt, woraus
        sich der oben aufgeführte Sachverhalt schließen läßt. Nachfolgende Konzepte, wie z.B. objektori-
        entierte DBS, spielen im Moment auch noch eine untergeordnete Rolle [vgl. Hansen (1996), S.
        970.

[181] Vgl. Hansen (1996), S. 947.

[182] Eine einführende Beschreibung der hierarchischen und Netzwerkdatenmodelle findet sich z.B. in
        Hansen (1996), S. 946ff. oder Gabriel/Röhrs (1995), S. 135ff. In den Mittelpunkt des Interesses
        rücken in letzter Zeit verstärkt die objektorientierten Modelle, die vor allem beim effizienten Ab-
        legen von Multimedia- oder komplexen geographischen und wissenschaftlich-technischen Daten
        einige Vorteile bieten [vgl. Hansen (1996), S. 950].

[183] Vgl. Chamoni/Zeschau (1996), S. 70.

[184] Vgl. Chamoni/Gluchowski (1999b), S. 267; Totok (1997), S. 22.

[185] Zum Thema der Normalisierung siehe z.B. Gabriel/Röhrs (1995), S. 123ff. oder Rauh/Stickel
        (1997), S. 127ff.

nachteilig für den Betrieb auswirkt, da nur eine geringe Anzahl der tatsächlich vorhandenen Relationen bei einer Abfrage einbezogen werden müssen. Sollen jedoch
parallel zur Ausführung der operativen Aufgaben in den transaktionalen Systemen
noch zusätzlich analytische Anfragen bedient werden, wirkt sich das wenig positiv
auf die Belastung des Systems aus, wodurch die für operative Aufgaben konzipierten
relationalen Datenbanksysteme schnell an ihre Grenzen stoßen.[186]

Infolgedessen ist es sinnvoll, je nach Einsatzzweck unterschiedliche Datenbanksysteme zu verwenden.[187] Datenbanksysteme und besonders Datenmodelle, die speziell
zur Unterstützung analyseorientierter Aufgaben geeignet sind, sollen hier Abhilfe
schaffen und werden im nächsten Abschnitt betrachtet.

3.2.1.4 Mehrdimensionale Datenmodelle

Neben die oben angesprochenen – besonders für operative Aufgaben geeigneten –
relationalen Datenmodelle tritt eine weitere Datenmodellart[188], die sich insbesondere
für analyseorientierte Zwecke eignet, da mit ihren – speziell für analyseorientierte
Informationssysteme entwickelten – Beschreibungsmitteln Daten so modelliert
werden können, daß die natürliche Sicht des Managers auf betriebswirtschaftliche
Entscheidungsvariablen nachempfunden und dem Benutzer die Daten entsprechend
präsentiert werden können.[189] Es handelt sich hierbei um mehrdimensionale Datenmodelle.

Generell ist im Umfang dieser Arbeit unter Multi- bzw. Mehrdimensionalität die
logische Anordnung quantitativer Größen zu verstehen, die durch mehrere sachliche
Kriterien in Datenwürfeln[190] beschrieben sind.[191] Von mehrdimensionalen Datenbanksystemen ist somit immer dann die Rede, wenn ein mehrdimensionales Datenmodell die Grundlage des Datenbankverwaltungssystems bildet.

---

[186] Vgl. Inmon (1996), S. 25f.
[187] Vgl. Bischoff (1994), S. 28; Inmon (1996), S. 26.
[188] Hinsichtlich des Begriffes der Datenmodellart wird aber das Verständnis von *Müller* zugrunde gelegt,
       der unter der Modellart das zugrundeliegende logische Datenmodell versteht (z.B. Relationenmo-
       dell, hierarchisches Modell, mehrdimensionales Modell), das wiederum auf die verschiedenen Rea-
       litätsausschnitte bezogen unterschiedliche Ausprägungen annehmen kann [vgl. Müller (1998), S.
       31].
[189] Vgl. Totok/Jaworski (1998), S. 9; Gabriel/Gluchowski (1997), S. 21.
[190] Die Bezeichnung Würfel gilt streng genommen nur für eine Darstellung, bei der nur drei Dimen-
       sionen einbezogen werden und diese die gleiche Kantenlänge aufweisen [Zur Begriffsdefinition
       der Dimension siehe Abschnitt 3.2.2.2]. Bei unterschiedlicher Kantenlänge wäre der geometrische
       Begriff des Quaders zu gebrauchen, bei mehr als drei Dimensionen ginge auch das nicht mehr.
       Trotzdem wird an dieser Stelle der Begriff des Würfels beibehalten und nur bei notwendigen Ab-
       grenzungen der Begriff Hyperwürfel [siehe dazu Abschnitt 3.2.1.5] verwendet [vgl. dazu Schelp
       (1999), S. 305; Raden (1996), S. 212].
[191] Vgl. Gabriel/Gluchowksi (1997), S. 19.

Allerdings können sich hinter der nach außen präsentierten Mehrdimensionalität unterschiedliche Arten mehrdimensionaler Datenmodelle verbergen, die versprechen, für analyseorientierte Datenbanksysteme geeignet zu sein, und die in der Praxis eingesetzt werden. Zwei verschiedene Konzepte werden im folgenden kurz erläutert.

Zum einen wird versucht, am Konzept der Relationen festzuhalten und die mehrdimensionale Betrachtungsweise der Daten auf der logischen Ebene mittels relationaler Strukturen – also Tabellen und Beziehungen zwischen diesen – zu erklären. Im Zusammenhang mit dieser Art von OLAP-Datenbanksystemen fällt der Begriff ROLAP (relationales OLAP).[192] Für relational mehrdimensionale Datenbanksysteme existieren logische und semantische Datenmodelle wie auch Zugriffssprachen (z.B. SQL, engl.: Structured Query Language), die den relational mehrdimensionalen Datenbanksystemen weitgehend gemeinsam sind.[193]

Zum anderen werden OLAP-Datenbanksysteme entwickelt, die versuchen, die extern erzeugte multidimensionale Präsentation der Daten auch auf der logischen und physischen Ebene mit Hilfe mehrdimensionaler Konstrukte umzusetzen und die Variablen in sogenannten Arrays speichern. Dazu bedient man sich des schon angesprochenen Konzepts des virtuellen Datenwürfels.[194] Diese OLAP-Datenbanksysteme werden vor allem dann, wenn es um die Diskussion relationaler versus mehrdimensionaler Strukturen geht, zur besseren Unterscheidung als MOLAP-Datenbanksysteme (Multidimensional OLAP) oder physisch mehrdimensionale Datenbanksysteme bezeichnet. Für passende semantische als auch logische Datenmodelle gibt es verschiedene Ansätze und Vorschläge, von denen sich aber noch keiner als Standard durchgesetzt hat.[195] Vor allem bezüglich des logischen Datenmodells und

---

192 Vgl. Gluchowski/Gabriel/Chamoni (1997), S. 283f.; Greenberg (1996), Abschnitt 1; Pendse (1999c), Abschnitt „What Problems?".

193 Vgl. Raden (1996), S. 210. Modelle zur Abbildung mehrdimensionaler Datenstrukturen mit Hilfe von Tabellen und Beziehungen existieren in Form sogenannter STAR-Schemata, die je nach Anordnung der Tabellen weitere spezielle Ausprägungen (wie z.B. Snowflake- oder Galaxy-Schemata) annehmen können [vgl. Hahne (1999), S. 152ff.; Gluchowski (1997), S. 62ff.; Nußdorfer (1998a), S. 22ff.; Nußdorfer (1998b), S. 16ff.; Chaudhuri/Dayal (1997), S. 521f.]. Geschwindigkeitsvorteile gegenüber relationalen Datenbanksystemen operativer Systeme verbuchen ROLAP-Datenbanksysteme v. a. durch eine Denormalisierung der Tabellenstruktur. „Der Zweck der Denormalisierung besteht darin, häufige bzw. kritische Zugriffe auf die Datenbank in der Datenbankstruktur vorwegzunehmen und statisch zu implementieren. Dadurch kann die Zahl der zur Laufzeit notwendigen Zugriffe reduziert werden [Pálffy (1991), S. 51]."

194 Wie man zu einer solchen Sicht auf die Daten gelangt, wird in Abschnitt 3.2.2 gezeigt.

195 Vgl. Hahne (1998), S. 2. Vorschläge zur Vereinheitlichung sowohl logischer als auch semantischer Modelle existieren bereits und werden beispielsweise in Sapia/Blaschka/Höfling (1999), S. 6ff. und Schelp (1999), S. 289ff. vorgestellt. Als sehr mächtige Ansätze gehören dazu u.a. das Dimensional Fact Modeling (DFM) von *Golfarelli*, *Maio* und *Rizzi* [vorgestellt in Schelp (1999), S. 290ff.] und das Application Design for Analytical Processing Technologies (ADAPT) von *Bulos* [vgl. Bulos (1998), S. 251ff]. Totok und Jaworski analysieren in einem Fallbeispiel die Tauglichkeit von ADAPT für einen Automobilhersteller [vgl. Totok/Jaworski (1998), S. 31ff.].

der Zugriffsmethoden geht jeder Hersteller eigene Wege, was es im Vergleich zu
relationalen Datenbanksystemen ungleich schwerer macht, ein einheitliches Datenmodell als Standard zu etablieren.[196] So besitzt auch das in dieser Arbeit genutzte
Produkt *Essbase OLAP-Server* der Firma *Hyperion Solutions Corporation* eigene
Modellstrukturen, mit deren Hilfe ein Abbild der Realität erstellt werden kann, und
das intern in ein physisches Modell konvertiert wird.

Beide Konzepte bringen im direkten Vergleich gewisse Vor- und Nachteile mit sich.
Die Frage nach dem „richtigen" Datenbanksystem oder Datenmodell kann aber nur
mit Blick auf die gestellten Anforderungen beantwortet werden.[197] Die für diese
Arbeit zur Verfügung stehende Software basiert auf einem (physisch) mehrdimensio-
nalen Datenmodell. Der folgende Abschnitt beschäftigt sich daher mit der Art der
Darstellung mehrdimensional angeordneter Datenstrukturen.

3.2.1.5 Multicube und Hypercube

Die natürliche Sicht der Manager auf die Daten entspricht einer mehrdimensionalen
Betrachtungsweise. Werden lediglich zwei Perspektiven (Dimensionen[198]) betrachtet,
läßt sich die Sicht auf die Daten mit Hilfe einer Tabelle oder Matrix darstellen. Ein
Beispiel dafür ist die in Abbildung 4 dargestellte Kreuztabelle mit den beiden Dimensionen `Produkt` und `Region` und der in den Zellen enthaltenen Variable Umsatz.

Umsatz [TDM] über Regionen und Produkte 1999				
Produkt / Region	TVM1	ZK8	X65	124h
Nord	500	250	150	125
Süd	380	450	625	90
Ost	780	645	930	875
West	470	180	260	710

Abbildung 4: Kreuztabelle bei zweidimensionaler Betrachtung

Variablen, die durch drei Dimensionen bestimmt werden, lassen sich in einem Würfel abspeichern, der auch als ein Stapel von Tabellenblättern interpretiert werden
kann. Werden mehr als drei Dimensionen zur exakten Bestimmung der Variablen

---

[196] Vgl. Raden (1996), S. 211; Hahne (1998), S. 2.
[197] Vgl. Thomsen (1997), S. 79.
[198] Der Begriff der Dimension wird ausführlicher in Abschnitt 3.2.2.2 erläutert.

benötigt, lassen sich zwei Konzepte unterscheiden, die miteinander konkurrieren, aber bei näherer Betrachtung nicht streng gegeneinander abgegrenzt werden können, da die Grenzen fließend sind.[199] Zu differenzieren ist zwischen dem Konzept des Hypercubes und der Multicubes.

Von Hypercubes oder Hyperwürfeln wird im allgemeinen dann gesprochen, wenn alle Dimensionen und deren Variablen in einer einzigen logischen Struktur hinterlegt werden. Damit ist es möglich, Werte für jede Kombination von Dimensionen abzulegen.[200]

Daneben existiert die Methode, eine bestimmte Anzahl der insgesamt im Datenmodell vereinbarten Dimensionen und deren zugehörige Daten auf mehrere Teilwürfel auszulagern. Die einzelnen Teilwürfel stellen somit wiederum Hyperwürfel dar. Dieser Typ von Multicube nennt sich Block Multicube. Im Regelfall werden die Dimensionen ausgelagert, die für eine Anzahl zu betrachtender Variablen zutreffen. Daneben existiert auch die Variante, für jede Variable einen neuen Würfel anzulegen (Series Mulitcube). Die einzelnen Würfel können mittels join-Operationen verknüpft werden.[201]

Tools, die das Hypercube-Konzept nutzen, präsentieren den virtuellen Datenwürfel i.d.R. nur dem Benutzer und komprimieren die Daten auf der physischen Ebene in mehrere Blöcke.[202] Eine Grenze zwischen Hyper- und Multicube kann infolgedessen nicht immer trennscharf gezogen werden.

Aus jedem dieser Konzepte ergeben sich spezifische Vorteile. So wird angeführt, daß Hypercubes die verständlichere Alternative darstellten, Multicubes aber flexibler hinsichtlich der Speicherplatzausnutzung wären.[203] Das vorliegende Software-Tool *Essbase* ist ein Vertreter der Hypercube-Technologie. Im folgenden werden deshalb die Konstrukte vorgestellt, welche die statischen Eigenschaften eines konzeptionellen mehrdimensionalen Datenmodells auf Hypercube-Basis beschreiben.

---

[199] Vgl. dazu und zu den folgenden Ausführungen Pendse (1999a), Abschnitte „Hypercubes" und „Multicubes".

[200] So gesehen können auch die STAR-Schemata, auf denen ROLAP-Datenbanksysteme basieren, als Hypercube interpretiert werden, denn diese speichern die Werte über die entsprechenden Dimensionen in einer Faktentabelle, die auch Werte für Kombinationen aller Dimensionen zuläßt [vgl. Pendse (1999a), Abschnitt „Hypercubes"].

[201] Vgl. Pendse (1999a), Abschnitt „Multicubes".

[202] Vgl. Pendse (1999a), Abschnitt „Multicubes".

[203] Vgl. Pendse (1999a), Abschnitt „Which is better?".

3.2.2 Konstrukte zur Abbildung mehrdimensionaler Datenstrukturen im Hyperwürfel

Das Ziel mehrdimensionaler Datenmodelle ist es, die Sicht des Managers auf die entscheidungsorientierten Unternehmensdaten vereinfachend nachzubilden. Die dazu notwendigen Beschreibungsmittel werden in den folgenden Abschnitten erläutert und an Beispielen visualisiert. Es wird dabei auf die von *Hahne* anhand mehrerer Software-Tools erprobten Beschreibungsmittel aus der Graphentheorie zurückgegriffen, die noch unabhängig vom jeweilig verwendeten Werkzeug sind.[204] An den entsprechenden Stellen werden die Begriffe allerdings bereits so verwendet, wie diese auch in *Essbase* definiert sind. Mit Hilfe dieser Beschreibungsmittel wird in Kapitel 4 das Kennzahlensystem modelliert.

3.2.2.1 Variablen und Kennzahlen

Betriebswirtschaftliche Variablen stellen den Betrachtungsgegenstand des Managers dar. Sie sind meist quantitative, in numerischer Form vorliegende Daten, wie z.B. Umsatzzahlen.[205] Sie werden im folgenden als Variablen oder Daten bezeichnet, die bestimmte Werte annehmen können und die eigentlichen Inhalte der OLAP-Würfel bilden.

3.2.2.2 Dimensionen

„Eine Dimension stellt eine Klasse dar, in der gleichartige materielle oder immaterielle Umweltobjekte unter einem gemeinsamen Oberbegriff logisch zusammengefaßt werden."[206] Bildhaft gesprochen verkörpern Dimensionen die Kantenbeschriftungen des Würfels,[207] und werden benötigt, um die (Umsatz-)Variablen den verschiedenen Perspektiven des Managers zuordnen zu können. Ein Beispiel für eine Zusammenfassung gleichartiger materieller Objekte stellen Supermärkte dar, die unter der Dimension Verkaufsregionen vereinigt werden. Beispiel einer Zusammenfassung immaterieller gleichartiger Objekte verkörpern die Abrechnungsmonate, die schließlich gemeinsam in der Dimension Zeit betrachtet werden können.

Obwohl die betrachteten Dimensionen von Fall zu Fall differieren mögen, existieren auch solche, die sich für nahezu alle betriebswirtschaftlichen Anwendungsfälle aus-

---

[204] Vgl. Hahne (1998), S. 5ff.
[205] Vgl. Totok/Jaworski (1998), S. 10.
[206] Gluchowski (1996), S. 246.
[207] Vgl. Hahne/Schelp (1997), S. 18.

machen lassen.[208] Dazu gehören insbesondere die Dimensionen Zeit, Ausprägung und betriebswirtschaftliche Kennzahlen:[209]

- Die Betrachtung einer Variable im Zeitablauf ist eine der Standardperspektiven, aus der heraus sich z.b. Indexzahlen und zukünftige Trends errechnen lassen.

- Die Dimension Ausprägung (engl.: Szenario) beinhaltet unterschiedliche Ausprägungen von Daten, die ansonsten aber von den gleichen Dimensionen bestimmt sind. Ein Beispiel dafür ist die Betrachtung der Variable Umsatz, einmal als Plan- und einmal als Istgröße.

- Die Dimension der betriebswirtschaftlichen Kennzahlen (engl.: Accounts), beherbergt nicht nur unterschiedliche Ausprägungen einer Variable (z.B. Umsatz), sondern unterschiedliche Variablen, die aus Werten anderer Dimensionen berechnet werden und beherrscht zumeist Operationen, die für eine dimensionsübergreifende Kennzahlenberechnung und -speicherung notwendig sind.

3.2.2.3 Dimensionspositionen

Bei nochmaliger Betrachtung der im vorherigen Abschnitt beispielhaft erwähnten Dimension Verkaufsregionen und der zugehörigen Objekte Supermärkte ist es vorstellbar, die entsprechenden Umsatzzahlen zu einem Gesamtumsatz Nordrhein-Westfalen zusammenzufassen, so wie man es auch in Bayern, Sachsen und anderen Bundesländern tun kann. Die Umsatzdaten der einzelnen Bundesländer könnten anschließend nochmals zu den Verkaufsregionen Nord, Süd, Ost und West und anschließend zur Verkaufsregion Deutschland verdichtet werden. Schließlich ist eine Aggregationsebene erreicht, die es nicht erlaubt oder bei der nicht mehr sinnvoll erscheint, noch weiter zusammenzufassen. Die Dimensionselemente und deren Ausprägungen (z.B. Verkaufsregion Bundesländer mit den Ausprägungen NRW, Bayern, Sachsen ...) werden als Dimensionsobjekte[210], Dimensionspositionen[211] oder Dimensionsattribute[212] bezeichnet und in dieser Arbeit synonym verwendet.

Variablen in einem Hyperwürfel können dann exakt bestimmt und lokalisiert werden, wenn eine Kombination aus allen Dimensionen mit den entsprechenden Dimen-

---

[208] Vgl. Holthuis (1997), S. 14.
[209] Vgl. im folgenden Holthuis (1997), S. 15; Behme/Schimmelpfeng (1993), S. 7; Totok/Jaworski (1998), S. 11.
[210] Vgl. Gluchowski (1996), S. 247.
[211] Vgl. Holthuis (1997), S. 14.
[212] Vgl. Schinzer/Bange/Wehner/Zeile (1997), S. 38.

sionspositionen angegeben wird. Sind nicht die genauen Dimensionspositionen angegeben, sondern nur Wertebereiche, entstehen kleinere Hyperwürfel.[213]

3.2.2.4 Hierarchien

Hierarchien dienen der Herstellung von Zusammenhängen zwischen den oben beschriebenen Dimensionen und deren Dimensionspositionen und entstehen durch das Betrachten einer Dimension auf unterschiedlichen Verdichtungs- bzw. Detailstufen. Um diese Zusammenhänge in graphisch einwandfreier Notation abzubilden, orientiert sich diese Arbeit am graphentheoretischen Grundverständnis von *Hahne* und *Schelp*.[214] Die für die dazu erforderlichen Darstellungen notwendigen Begriffe bedürfen daher einer kurzen Abgrenzung.

- Gemeinhin besteht ein Graph aus einer Menge von Knoten und Kanten, wobei die Kanten als Verbindung von Knoten aufgefaßt werden können.

- Nicht betrachtet werden in dieser Arbeit geschlossene Kantenzüge, d.h. solche, deren Anfangs- und Endknoten identisch ist. Der Graph ist somit zykelfrei.

- Ferner wird davon ausgegangen, daß immer nur eine Kante zwei Knoten miteinander verbindet, aber auch jeder Knoten über eine Kante mit einem anderen Knoten zusammenhängt und somit ein zusammenhängender Graph entsteht.

- Die Knotenmenge wird als endlich angenommen; der Graph heißt damit endlicher Graph.

- Ausschnitte aus der Knotenmenge dieses Graphen führen zu einem Subgraphen.

- Werden Kanten und/oder Knoten des Graphen beschriftet oder bewertet, spricht man von einem markierten Graphen.

- Liegt die Menge der Knotenpaare, die jeweils durch eine Kante verbunden sind, geordnet – also in Form je eines Anfangs- und Endknotens – vor, wird von einem gerichteten Graphen gesprochen. Kanten, die diese Anfangs- und Endknoten verbinden, heißen Pfeile.

- Die Verbindung mehrerer Knoten in einem gerichteten Graphen heißt Pfad.

- Jeder gerichtete Graph induziert wiederum einen ungerichteten Graphen, da gerichtete Graphen als echte Unterklasse solche gerichtete Graphen beinhalten, die mit jeder Kante vom Anfangs- zum Endknoten gleichzeitig eine Kante vom End- zum Anfangsknoten enthalten. Somit läßt sich der Begriff des zusammenhängenden Graphen auch für den gerichteten Graphen anwenden. Ein gerichte-

---

[213] Vgl. Hahne/Schelp (1997), S. 19.
[214] Vgl. dazu im folgenden Hahne/Schelp (1997), S. 6ff.

ter Graph ist somit als zusammenhängend zu bezeichnen, wenn sein induzierter
ungerichteter Graph zusammenhängend ist.

- Der Ausgangsgrad eines Knotens bezeichnet die Anzahl der Kanten, die diesen
  als Anfangsknoten besitzen. Analog entspricht der Eingangsgrad eines Knotens
  der Anzahl der Kanten mit diesem als Endknoten. Knoten mit einem Eingangsgrad von null heißen Wurzel, Knoten mit einem Ausgangsgrad von null Blätter.
  Besitzt ein Graph nur eine Wurzel und haben alle Knoten einen Eingangsgrad
  von kleiner oder gleich eins, trägt er die Bezeichnung Baum.

- Die Tiefe eines Knotens in einem Baum ist definiert durch die Anzahl der Kanten von der Wurzel bis zu diesem Knoten.

Aufgrund dieser Definitionen ist es nun möglich, ein Beispiel für eine bei mehrdi-
mensionalen Datenstrukturen relevante einfache Hierarchie zu geben. Diese ist
anhand der Dimension Produkte in Abbildung 5 veranschaulicht. Die einzelnen
Dimensionselemente stellen markierte Knoten dar, die durch Pfeile – also gerichtete
Kanten – miteinander verbunden sind. Die Knoten selbst stellen nicht den Wert der
Variable (z.B. Umsatz) im OLAP-Würfel dar, sondern nur seine Bezeichnung. Die
Pfeile sind in Leserichtung so zu interpretieren, daß sich der Umsatz des Anfangs-
knotens auf die Endknoten verteilt. Gegen die Pfeilrichtung gelesen, ergibt sich der
Umsatz des Anfangsknotens aus der Summe der Umsätze der Endknoten.

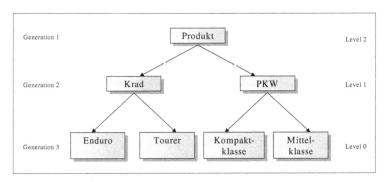

Abbildung 5: Einfache Hierarchie

Die Hierarchie in Abbildung 5 wird als einfache Hierarchie bezeichnet, da die kürze-
sten Wege von der Wurzel bis zu den Blättern immer gleich lang sind.[215] Das heißt,
der Baum hat an jedem Blatt die gleiche Tiefe.

---

[215] Vgl. Schelp (1999), S. 286.

Die durch die einzelnen Dimensionspositionen entstehenden hierarchischen Beziehungen geben Pfade vor, entlang derer die Werte der einzelnen Variablen aggregiert
werden können. Diese Pfade werden als Konsolidierungspfade bezeichnet.[216]

Um die in Abbildung 6 vorgestellte Hierarchieart beschreiben zu können, sind zunächst die Begriffe der Generation und des Levels einzuführen. Generationen und
Level sind Möglichkeiten, die Position eines Dimensionsattributes innerhalb einer
Hierarchie zu bestimmen.[217] Generationen werden mit eins beginnend von der
höchsten Verdichtungsstufe (Wurzel: Produkt) in Richtung niedrigerer Verdichtungsstufen gezählt, während die Zählrichtung der Level mit null beginnend umgekehrt (Blatt: z.B. Enduro) erfolgt.[218] Die Dimensionsposition mit der Bezeichnung
Generation 1 gibt den Dimensionsnamen an.

Anhand einer Produktpalette ist vorstellbar, daß einzelne Produktgruppen tiefer
gegliedert werden können als andere. Bei diesen Hierarchien treten logisch zwingend
Fälle auf, bei denen Dimensionspositionen mit gleicher Generationsnummer unterschiedlichen Levelnummern gegenüberstehen. Ist dies der Fall, spricht man von
Hierarchien mit unterschiedlicher Pfadlänge.[219] Der Graph (als Baum) ist dann nicht
mehr tiefenkonstant.[220] Ein Beispiel findet sich in Abbildung 6.

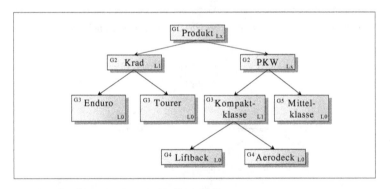

Abbildung 6:   Hierarchie mit unterschiedlicher Pfadlänge

Die Generationsnummer wird eindeutig von der Wurzel zu den Blättern hin vergeben. Die Levelnummer hingegen läßt sich, betrachtet man die Dimensionsposition
PKW, nicht eindeutig bestimmen. Ausgehend von der Dimensionsposition Kom-
paktklasse, erhielte man die Levelnummer 2, von der Dimensionsposition Mit-

[216] Vgl. Gluchowski (1996), S. 247.
[217] Vgl. McGuff (1996), S. 5.
[218] Vgl. McGuff (1996), S. 5.
[219] Vgl. Schelp (1999), S. 286.
[220] Vgl. Hahne/Schelp (1997), S. 19.

`telklasse` aus hingegen würde die Levelnummer 1 bestimmt. Analog verhält es sich auf dem höchsten Verdichtungsniveau `Produkt`. In der Abbildung ist deshalb bei nicht eindeutigen Fällen die Levelnummer x angegeben.

Innerhalb der gleichen Dimension kann unter Umständen das Problem auftauchen, daß eine Einteilung der Produkte nach unterschiedlichen Kriterien möglich ist. Im dargebotenen Fall der Abbildung 7 könnte gleichzeitig neben der Unterteilung in verschiedene `Fahrzeugklassen` eine Differenzierung nach dem `Verbrennungsprinzip` des Motors von Bedeutung sein. Sind diese beiden Hierarchien unabhängig voneinander, entsteht eine sog. parallele Hierarchie.[221] Es bleibt dabei dem Entwickler überlassen, ob er diese innerhalb eines Graphen beläßt oder in zwei verschiedene Graphen aufteilt.

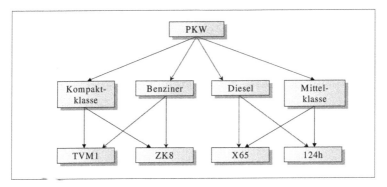

Abbildung 7:   Parallele Hierarchie

Die Einteilung in Abbildung 7 macht jedoch deutlich, daß es noch eine andere Hierarchieart geben muß, welche die Unterscheidung von Benzin- und Dieselfahrzeugen der Realität näher bringt als die oben abgebildete Grafik. Schließlich könnte der Typ ZK8 sowohl mit Benzin- als auch mit Dieselmotor angefertigt werden. Die Umsätze wären somit für den gleichen Fahrzeugtyp anteilsmäßig zu verrechnen. Dieses Beispiel ist – an dieser Stelle von den Fahrzeugkategorien abstrahierend – in Abbildung 8 umgesetzt.

---

[221] Vgl. Hahne/Schelp (1997), S. 22.

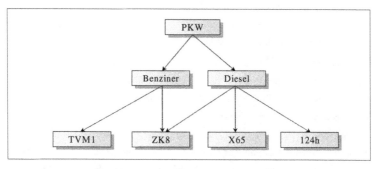

Abbildung 8: Heterarchie

Bei diesem Graph handelt es sich nach den o. g. Definitionen nicht mehr um einen
Baum in Form einer Hierarchie, da nicht für alle Knoten die Bedingung erfüllt wird,
daß der Eingangsgrad kleiner oder gleich eins ist, und somit die Zuordnung der
Umsätze der End- zu ihren Anfangsknoten nicht mehr eindeutig sein kann. Graphen
solcher Art, die aber nach wie vor über nur eine Wurzel verfügen, werden in diesem
Zusammenhang als Heterarchie bezeichnet.[222] Der Unterschied zu der in Abbildung
7 dargestellten parallelen Hierarchie, deren Blattknoten auch einen Eingangsgrad von
mehr als eins aufweisen, ist der, daß eine getrennte Modellierung beider Subgraphen
stattfinden könnte, da es keine anteilige Verrechnung gibt. Dies ist bei der Heterarchie nicht der Fall.

Die bisherigen Darstellungen konzentrierten sich alle auf die Variable Umsatz. Für
die Betrachtung eines Unternehmens sind andere Variablen aber ebenso von Interesse. Auch diese können in einer Hierarchie angeordnet werden, wodurch die in
Abschnitt 2.3 eingeführten und beschriebenen Kennzahlensysteme entstehen. Graphen, die solche Kennzahlensysteme abbilden, besitzen Knoten, die nicht mehr nur
aus Bezeichnungen, sondern an entsprechenden Stellen zusätzlich aus Berechnungsvorschriften bestehen.[223] Abbildung 9 zeigt einen Ausschnitt aus dem schon in
Abbildung 2 (auf S. 17) vorgestellten DuPont-Kennzahlensystem. In Abhängigkeit
von der Berechnung der Kennzahlen können alle von Abbildung 5 bis Abbildung 8
dargestellten Hierarchiearten für Kennzahlensysteme in Frage kommen.

---

[222] Vgl. Schelp (1999), S. 288.
[223] Vgl. Hahne/Schelp (1997), S. 23.

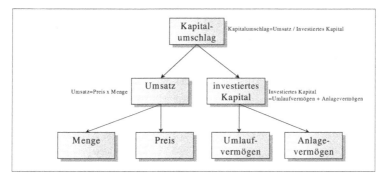

Abbildung 9: Kennzahlenhierarchie
(in Anlehnung an: Horváth (1998), S. 551)

Der Präsentation der in dieser Arbeit verwendeten Beschreibungsmittel für mehrdimensionale Datenstrukturen, folgt im nächsten Abschnitt die Darstellung von Operationen, die mit den Objekten mehrdimensionaler Datenmodelle möglich sind.

3.2.3 Operationen

Jedes Datenmodell beinhaltet statische Elemente und Operationen, die auf diese
Konstrukte anwendbar sind. Deren Vorstellung dient der vorliegende Abschnitt. Der
größte Teil der Operationen kann bildhaft anhand eines Würfels visualisiert werden,
der auch für die folgenden Erläuterungen als Hilfsmittel genutzt wird. Dem Entscheider wird letztendlich nur ein Ausschnitt der Daten aus dem mehrdimensionalen
Würfel präsentiert und auf der zweidimensionalen Oberfläche, z.B. eines Tabellen-
blattes innerhalb eines Tabellenkalkulationsprogrammes, dargestellt. Die Anordnung
der Dimensionen erfolgt derart, daß innerhalb von zwei Dimensionen navigiert
werden kann, während die anderen fixiert bleiben. Unterscheiden lassen sich auf der
einen Seite Manipulationsoperationen (manipulating functions) und auf der anderen
Seite Ansichtsoperationen (viewing functions).[224]

Bewegt man sich innerhalb einer Dimension den Konsolidierungspfad entlang in
Richtung einer Ebene mit höherem Detaillierungsgrad oder kleinerer Granularität[225]

---

[224] Vgl. Koutsoukis/Mitra/Lucas (1999), S. 8. Vgl. zu den einzelnen Operationen auch die anschauli-
       chen Beispiele in Inmon/ Welch/ Glassey (1997), S. 201-206.
[225] Zum Stichwort der Granularität vgl. FN 261.

der Daten, spricht man von einem drill-down, umgekehrt von einem roll-up.[226] Die
daneben existierende Möglichkeit des drill-accross erlaubt das Bewegen innerhalb
einer Generations- oder Levelnummer von einem Datensatz zum nächsten.[227] Es
handelt sich dabei um die Manipulationsoperationen.

Bei den Ansichtsoperationen kann eine Dreiteilung vorgenommen werden.[228] Ein
dreidimensionaler Würfel erlaubt eine Betrachtung von sechs Seiten.[229] Das Drehen
des Würfels führt damit zu unterschiedlichen Ansichten bzw. Würfelscheiben in der
zweidimensionalen Präsentationswelt. Dieses Herausschneiden von Würfelscheiben
– also das Betrachten von zwei Dimensionen, während die andere(n) Dimension(en)
fixiert bleiben – wird als Data Slicing bezeichnet.[230]

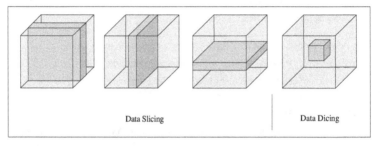

Data Slicing   Data Dicing

Abbildung 10:   Slicing und Dicing

Um das Drehen des Würfels zu beschleunigen, können die zu betrachtenden Wür-
feldimensionen von vornherein auf einen bestimmten Wertebereich eingeschränkt
werden. Damit ergibt sich ein neuer Würfel, der kleiner ist und somit weniger Daten
enthält als der Ausgangswürfel. Dieser Prozeß wird Data Dicing genannt.[231] Beide
Operationen sind anschaulich in Abbildung 10 visualisiert.

Um auch in einer zweidimensionalen Präsentationsdarstellung drei oder mehr Dimensionen abbilden zu können, bedient man sich der Operation des Nesting. Damit
ist das Einbetten der Daten einer Dimension in die einer anderen Dimension ge-

[226] Vgl. Koutsoukis/Mitra/Lucas (1999), S. 8; Kenan Systems Corporation (1995), S. 18; Schin-
zer/Bange/Wehner/Zeile (1997), S. 40. Für den Begriff des drill-down findet sich in der Literatur
auch die Bezeichnung zooming in und analog für roll-up die Bezeichnung zooming out, consoli-
date und aggregate [vgl. Schinzer/Bange/Wehner/Zeile (1997), S. 40; OLAP-Council (1995),
Stichwort Roll-up und Aggregate].
[227] Vgl. Schinzer/Bange/Wehner/Zeile (1997), S. 42.
[228] Vgl. Koutsoukis/Mitra/Lucas (1999), S. 8.
[229] Ein n-dimensionaler Würfel (Hypercube) kann von n(n-1) Seiten betrachtet werden [vgl. Pilot
Software (1997), S. 2].
[230] Vgl. Kenan Systems Corporation (1995), S. 16.
[231] Vgl. Holthuis (1998a), S. 153; Totok (1997), S. 28.

meint.[232] Dargestellt findet sich dieser Sachverhalt anhand der Dimensionen `Jahr`,
`Produkt` und `Region` in Abbildung 11.

Umsatz [TDM] über Regionen, Produkte und Jahre							
Jahr	1998				1999			
Produkt Region	TVM1	ZK8	X65	124h	TVM1	ZK8	X65	124h
Nord	500	250	150	125	501	270	158	525
Süd	380	450	625	90	680	470	325	190
Ost	780	645	930	875	787	645	930	175
West	470	180	260	710	470	186	860	410

Abbildung 11:   Nesting

Nach der Darstellung der theoretischen Sicht auf die Beschreibungsmittel mehrdimensionaler Datenstrukturen erfolgt im nächsten Abschnitt ein Blick auf zwei Anwendungen mehrdimensionaler Datenmodelle, und damit auch mehrdimensionaler
Datenbanksysteme, in der Praxis.

3.3   Einsatzfelder analyseorientierter Datenbanksysteme

Das Scheitern früherer MSS wird unter anderem darauf zurückgeführt, daß die Anwendungen aufgrund des Standes der Technik den Anforderungen hinsichtlich der
Performance nicht gerecht werden konnten.[233] Leistungsfähige Rechner bieten heute
gute Voraussetzungen, den Anforderungen nach zügiger Informationsverarbeitung
genügen zu können. Jedoch sind es laut *Gabriel* und *Gluchowski* nicht nur technische
Faktoren, wie die verwendete Speichertechnologie und die höchstmögliche Detaillie-
rungsstufe, die den Erfolg eines analyseorientierten Informationssystems ausmachen,
sondern vor allem die Benutzerorientierung und damit auch die Nutzbarkeit und
Nützlichkeit der bereitgestellten Informationen für den Endanwender.[234] Data Warehouse (Abschnitt 3.3.1) und OLAP-Anwendungen (Abschnitt 3.3.2) nehmen sich
dieser Problematik an und versuchen ihrerseits, Lösungen dafür zur Verfügung zu
stellen.

---

232 Vgl. Koutsoukis/Mitra/Lucas (1999), S. 8.
233 Vgl. Behme/Mucksch (1998), S. 16.
234 Vgl. Gabriel/Gluchowski (1997), S. 19.

Die beiden folgend dargelegten Anwendungen nutzen bei gleichzeitigem Betreiben in der betrieblichen Praxis besondere Synergievorteile.[235] Der Anwendungsschwerpunkt des Data Warehouse ist im Sammeln, Aufbereiten und Verwalten von großen Datenvolumina als Ausgangsbasis für die mehrdimensionale Analyse zu sehen. OLAP-Tools nutzen diese Datenbasis und stellen Mittel zur Verfügung, die besonders geeignet sind, solche Daten zu manipulieren, zu analysieren und in strategische Informationen umzusetzen.[236]

3.3.1 Data Warehouse

Bei einem Data Warehouse handelt es sich um ein Konzept, das die Bereitstellung von Daten insbesondere für analyseorientierte Informationssysteme sicherstellen soll.[237] Im Gegensatz zu den operativen Datenbanksystemen enthält das Data Warehouse nicht nur tagesaktuelle, sondern schwerpunktmäßig historische Daten aus allen eingebundenen Unternehmensbereichen in unterschiedlichen Verdichtungsstufen.[238] Bei nochmaliger Betrachtung von Abbildung 3 (auf S. 30) sieht man den Gedanken der integrierten operativen Systeme unter dem Dach der analyseorientierten Informationssysteme visualisiert. Allerdings zeigt die betriebliche Praxis, daß gerade die transaktionalen Systeme, aus denen die Daten für das Data Warehouse zusammengestellt werden, oft Insellösungen markieren, die im Laufe der Zeit sukzessive entstanden sind.[239] Eine anspruchsvolle Aufgabe bestimmter Komponenten des Data Warehouse ist es daher, Datenbestände u.a. aus Altsystemen (engl.: legacy systems) extrahieren zu können, diese regelmäßig zu aktualisieren und das möglichst ohne Behinderung der operativen Systeme.[240] Weil jede Unternehmung diesbezüglich andere Voraussetzungen bietet und aufgrund dessen unterschiedliche Anforderungen entstehen, kann ein Data Warehouse keine Standardsoftware, sondern immer nur eine unternehmensindividuelle Lösung darstellen.[241]

3.3.1.1 Historischer Überblick

Das Konzept des Data Warehouse hat seine Wurzeln in einem 1988 von IBM gestarteten Projekt, das die langfristige Zusammenführung der Daten verschiedener Tochterfirmen zur Aufgabe hatte, um die Mitarbeiter des Unternehmens auf einen

---

[235] Vgl. Raden (1996), S. 200.
[236] Vgl. Raden (1996), S. 199.
[237] Vgl. Mucksch (1999), S. 172.
[238] Vgl. Mucksch/ Behme (1998), S. 49.
[239] Vgl. Becker (1993), S. 22.
[240] Vgl. Müller (1998), S. 2.
[241] Vgl. Holthuis/Mucksch/Reiser (1995), S. 1.

einheitlichen Datenpool zurückgreifen zu lassen.[242] Dieses Projekt wurde 1991 in
„Information Warehouse Strategy" umbenannt.[243] Das auf dieser Strategie auf-
setzende Data Warehouse wird heute als eine „von den operationalen DV-Systemen
isolierte Datenbank umschrieben, die als unternehmensweite Datenbasis für das
gesamte Spektrum managementunterstützender Informationssysteme dient"[244].
Geprägt wurde der Begriff des Data Warehouse schließlich von *William H. Inmon*,[245]
der unter einem Data Warehouse „a subject oriented, integrated, non-volatile, and
time variant collection of data in support of management's decisions"[246] versteht und
damit die vier Hauptanforderungen an ein Data Warehouse aufstellte. Auf diese wird
im folgenden kurz eingegangen.

3.3.1.2 Anforderungen

Durch die konsequente Einhaltung dieser vier Kriterien, die gemeinhin übersetzt
werden mit Orientierung an den unternehmensbestimmenden Sachverhalten (The-
menorientierung), Integration (Vereinheitlichung), Nicht-Volatilität (Beständigkeit)
und Zeitraumbezug (Zeitorientierung), ist der Entscheidungsträger unabhängig von
den operativen DV-Systemen.[247]

Entgegen funktional ausgerichteten operativen Systemen (z.B. Materialwirtschaft,
Finanzbuchhaltung usw.), sind die Daten im Data Warehouse nach übergeordneten
Gesichtspunkten abgelegt. *Unternehmensbestimmende Sachverhalte* stellen z.B. Kunden, Produkte, Verkaufsregionen oder Lieferanten dar. Transaktionsorientierte Objekte wie der spezielle Kundenauftrag treten dabei in den Hintergrund, und es findet
eine Konzentration auf entscheidungsrelevante Daten für das Management statt.[248]

Die *Integration* und damit die Struktur- und Formatvereinheitlichung der Daten stellt
für *Inmon* den wichtigsten Punkt dar.[249] „Da die betrieblichen DV-Anwendungs-
systeme i.d.R. historisch gewachsen sind und die einzelnen Anwendungsprogramme

242 Vgl. Devlin/Murphy (1988), S. 60. Dieses Projekt bekam den Namen EBIS; das Akronym steht
     dabei für European Business Information System [vgl. Mertens/Griese (1993), S. 16] und umfaßt
     die Länder, in denen das Projekt initiiert wurde [vgl. Devlin/Murphy (1988), S. 60].
243 Vgl. Holthuis/Mucksch/Reiser (1995), S. 1.
244 Holthuis (1998b), S. 73, ähnlich auch Mucksch/ Behme (1998), S. 36. In diesem Zusammenhang
     ist unter Datenbank das Data Warehouse i.e.S. zu verstehen, das der Datenbasis entspricht [vgl.
     Holthuis (1998b), S. 78]. Der Begriff des Data Warehouse i.w.S. umfaßt alle die Bestandteile, die
     in Abschnitt 3.1.3 beschrieben sind.
245 Vgl. Inmon (1992).
246 Inmon (1996), S. 33.
247 Vgl. Holthuis/Mucksch/Reiser(1995), S. 10. Ähnliche Begriffe, die im Prinzip die gleichen
     Sachverhalte darstellen, finden sich auch bei Chamoni/Gluchowski (1999a), S. 14-15; Totok
     (1997), S. 6; Schinzer (1996), S. 468 sowie Gluchowski/Gabriel/Chamoni (1997), S. 268-271.
248 Vgl. Gluchowski/Gabriel/Chamoni (1997), S. 268-269.
249 Vgl. Inmon (1996), S. 33.

oftmals isoliert voneinander entwickelt und realisiert wurden, ist eine horizontale Datenintegration nur lückenhaft und eine vertikale Datenintegration oftmals überhaupt nicht gegeben."[250] Um eine vollkommene Verfügbarkeit der Information sicherzustellen, ist eine derartige Integration aber unabdingbar. Nur so ist eine Minimierung der Durchlaufzeiten, Optimierung der Informationsbestände und Verfügbarkeit „just in time" zu erreichen. Diese Ziele sollen durch die Bereitstellung eines einheitlichen Datenpools zur betrieblichen Informationsversorgung, und nicht durch einen Zugriff auf alle Datenbanken des Unternehmens von jeder Stelle in der Unternehmung, verwirklicht werden.[251] Die Integration der Daten in einem Data Warehouse stellt dabei allerdings nicht zwingend auf eine physische, sondern vielmehr auf eine logische Zentralisierung ab.[252] Der logisch vereinheitlichte und konsistente Datenbestand wird vor allem durch gezielte Maßnahmen bei der Übernahme der Daten aus den operativen Vorsystemen gewonnen, um schon an dieser Stelle für eine Integration hinsichtlich Bezeichnung, Typ, Format, Syntax und Semantik zu sorgen.[253]

„Mit dem Begriff der Volatilität wird der Grad beschrieben, mit dem sich Daten im Laufe der normalen Nutzung ändern."[254] Da ein Kriterium für das Data Warehouse die *Nicht-Volatilität* ist, wird auf die Unveränderbarkeit der einmal eingespielten Daten, und damit einen nur lesenden Zugriff, abgestellt. Um den Datenbestand im Zeitverlauf nicht explosionsartig zu vergrößern, müssen Speicheralgorithmen zur Verfügung stehen, die auch etliche Terabyte Daten effizient verwalten können.[255]

Haben Datenbestände in operativen Datenbanken stets das Ziel, den aktuellen Stand der Dinge (zeitpunktorientiert) abzubilden, richtet sich die Perspektive im Data Warehouse auf *langfristige Betrachtungen im Zeitablauf* (zeitraumorientiert). Bei der Übernahme aus den operativen Beständen werden die Daten daher mit einem „Zeitstempel" versehen und bis zu 10 Jahre in der Datenbank vorgehalten. So kann einem Überschreiben der Daten beim Update vorgebeugt werden.[256] Anzumerken ist allerdings, daß die im Data Warehouse betrachteten Daten nur zum Zeitpunkt des Da-

---

[250] Holthuis/Mucksch/Reiser (1995), S. 6, genauso Behme/Mucksch (1998), S. 22.

[251] Vgl. Behme/Mucksch (1998), S. 7.

[252] Die physische Zentralisierung stellt aber schon allein aus Performance-Gründen den Normalfall dar.

[253] Vgl. Totok (1997), S. 6. Je nach erstmaliger Bestückung des Data Warehouse oder Aufrechterhaltung der Aktualität existieren verschiedene Verfahren mit unterschiedlichen Vor- und Nachteilen [vgl. Müller (1998), S. 4, 11-13 und Müller (1999), S. 101ff.].

[254] Holthuis/Mucksch/Reiser (1995), S. 22.

[255] Vgl. Pendse (1999c), Abschnitt „Sparse Data Consequences".

[256] Vgl. Mucksch/ Behme (1998), S. 41; Inmon (1996), S. 52.

tenimports aus den operativen Vorsystemen aktuell sind.[257] Jedoch ist das nicht von Nachteil, da es Zweck eines solchen Datenbestandes ist, der Analyse von Zeitreihen über längere Zeiträume hinweg zu dienen. Kurz hintereinander gestartete Abfragen führen dadurch aufgrund gleicher Datenbestände zu den gleichen Ergebnissen.[258]

3.3.1.3 Aufbau

Ein idealtypisches Data Warehouse umfaßt vier Komponenten. Dies sind die Data Warehouse-Datenbasis, die Transformationsprogramme, ein Archivierungssystem sowie ein Meta-Datenbanksystem.[259]

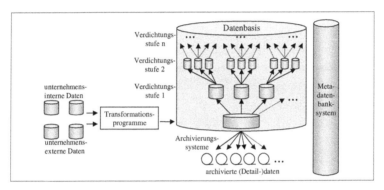

Abbildung 12:   Komponenten des Data Warehouse
(Quelle: in Anlehnung an Mucksch (1999), S. 177)

- Data Warehouse-Datenbasis

Die Datenbasis (häufig auch als Data Warehouse i.e.S. bezeichnet)[260] enthält die aus den operativen Vorsystemen übernommenen Daten in unterschiedlichen Verdichtungsstufen. Ein überproportional großer Datenbestand läßt sich dadurch vermeiden, daß Daten mit zunehmendem Alter in immer verdichteterer Form vorgehalten wer-

---

[257] Je nach Verfügbarkeit der Daten kann der Import in unterschiedlichen Abständen erfolgen (z.B. täglich, wöchentlich, monatlich usw.).
[258] Vgl. Chamoni/Gluchowski (1999), S. 14 und 15; Bischoff (1994), S. 28. Werden die aktuellsten Daten benötigt, besteht oft die Möglichkeit des direkten Durchgriffes auf die operativen Datenbestände (drill-through).
[259] Vgl. Mucksch (1996), S. 91ff.
[260] Vgl. Schinzer (1996), S. 469.

den.[261] Kann der Zugriff auf eine zentrale Datenbasis aus hardware-technischen Restriktionen nicht mehr vernünftig gewährleistet werden, empfiehlt sich die Aufteilung des Datenbestandes in kleinere, physisch selbständige, redundanzfreie Datenbestände, auch Partitionierung oder Fragmentierung genannt.[262]

• Transformationsprogramme

Um Daten aus den transaktionalen Systemen in ein Data Warehouse übernehmen zu können, ist diese Schnittstelle zwischen beiden nötig. Anzumerken ist hierbei, daß nicht nur die Transformation unternehmensinterner, sondern auch unternehmensexterner Daten erfolgen muß, um z.B. eine Vergleichbarkeit des eigenen Unternehmens mit der Konkurrenz herstellen zu können.[263] Transformationsprogramme müssen in der Lage sein, relevante und nicht relevante Daten vor der Übernahme (Extraktion) voneinander zu unterscheiden, relevante Daten in geeigneter Form den Erfordernissen des Data Warehouse anzupassen (Transformation) und mit Hilfe einer DML in das entsprechende Data Warehouse einzufügen (Integration).[264]

• Archivierungssystem

Diese Komponente dient der Datensicherung für den Fall eines Programm- oder Systemfehlers und der Datenarchivierung, um Detaildaten nach Ablauf eines bestimmten Zeitraumes auszulagern und so die Performance zu erhöhen.[265] Mechanismen, die aus den Bereichen der OLTP-Datenbanken bekannt sind, werden auch hier erfolgreich angewandt.[266]

• Meta-Datenbanksystem

Mit Hilfe dieses Bestandteils wird dem Benutzer ein schnelles Auffinden der Daten und Informationen erleichtert und der verantwortliche Administrator bei der War-

---

[261] Diese Vorgehensweise ist unter dem Stichwort „rollende Summierung" bekannt und erzeugt eine sog. mehrstufige Granularität der Daten im Data Warehouse [vgl. Mucksch/ Behme (1998), S. 50-51]. Unter Granularität ist der Grad der Detaillierung der Daten zu verstehen [vgl. Inmon (1996), S. 45]. Je mehr die Daten ins Detail gehen, desto niedriger ist die Granularität und vice versa. Die mehrstufige Granularität verbessert die Effizienz der Datenspeicherung enorm, da sehr detaillierte Daten, die ab einem bestimmten Zeitpunkt nicht mehr interessant sind, auf Archivierungsdatenträger ausgelagert werden und keinen unnötigen Platz im Data Warehouse (i.e.S.) belegen. Das kommt v. a. der Ausführungsgeschwindigkeit von komplexen Abfragen entgegen, wenngleich man den Nachteil eines geringeren Detaillierungsgrades der Daten ab einem gewissen Alter in Kauf nehmen muß [vgl. Inmon (1996), S. 45-54].

[262] Vgl. Mucksch/ Behme (1998), S. 52; Inmon (1996), S. 55.

[263] Verfahren dieser Art tragen die Bezeichnung „Benchmarking", worunter ein kontinuierlicher Prozeß des Vergleiches von Produkten, Dienstleistungen und internen Prozessen und Methoden über mehrere Unternehmen hinweg zu verstehen ist. Durch den Vergleich mit den Besten des jeweiligen Sektors wird versucht, entsprechende Prozesse im eigenen Unternehmen zu implementieren, um Ziele besser zu erreichen [vgl. Horváth (1998), S. 400ff].

[264] Vgl. Müller (1998), S. 11ff., 15ff., 43ff. Zum Thema Datenversorgung für das Data Warehouse siehe im allgemeinen Müller (1998), S. 1ff; Holthuis (1998b), S. 89ff.

[265] Vgl. Mucksch (1996), S. 104; Mucksch/ Behme (1998), S. 61. Siehe zu diesem Punkt auch FN 261.

[266] Vgl. Mucksch/ Behme (1998), S. 61.

tung unterstützt,[267] da das Meta-Datenbanksystem (sowohl betriebswirtschaftliche als
auch DV-technische) Informationen über die im Data Warehouse gespeicherten
Daten enthält. Dazu gehören z.b. Informationen über das zugrundeliegende Datenmodell, die Herkunft der Daten, den Transformationsprozeß, die Verdichtungsstufen
oder auch Vorlagen für Auswertungen und Analysen.[268]
Obwohl der generelle Aufbau im wesentlichen der gleiche ist, existieren Data Warehouses in verschiedenen Organisationsformen, die im folgenden betrachtet werden.

3.3.1.4 Organisationsformen

Ein Data Warehouse kann in drei grundlegenden Organisationsformen vorliegen,
und zwar als:[269]

- Zentral organisiertes Data Warehouse

- Dezentral organisiertes Data Warehouse

- Virtuelles Data Warehouse

Ein zentral ausgeprägtes Data Warehouse beinhaltet die Daten in einer physisch
zentralisierten Datenbasis, die neben den operativen Datenbeständen existiert.[270]
Diese Organisationsform ist besonders für Betriebe mit einem zentralen DV-Bereich
empfehlenswert und hat den Vorteil der zentralen Bereitstellung und Pflege der
Daten für alle Unternehmensteile. Durch Verbundwirkungen einer Client/Server-
Architektur läßt sich außerdem die Netzbelastung durch die zentrale Ausführung
komplexer Berechnungen auf dem Server erheblich senken. Nachteilig wirkt sich der
erschwerte Zugriff von ausgelagerten Unternehmensabteilungen auf den Server
aus.[271]

Die Bereitstellung von Informationen für die angesprochenen ausgelagerten Unternehmensteile oder spezielle Fachabteilungen übernehmen sehr effektiv verteilte
Organisationsformen, die als Data Marts bezeichnet werden und subjekt- oder abtei-
lungsspezifische Ausschnitte aus dem Data Warehouse darstellen.[272] Dadurch gelingt
es, den speziellen Unternehmensbereichen Daten zur Verfügung zu stellen, die u.U.
viel detaillierter sind, als die Daten des zentralen Data Warehouse.[273] Dies setzt
sinnvollerweise eine dezentrale operationale DV-Umgebung voraus, damit die bereits
existierende Infrastruktur und vorhandene Erfahrungen im Umgang mit verteilten

---

[267] Vgl. Mucksch (1996), S. 105.
[268] Vgl. Mucksch (1996), S. 105.
[269] Vgl. dazu im folgenden Mucksch/ Behme (1998), S. 69-74.
[270] Vgl. Schinzer/Bange (1999), S. 51.
[271] Vgl. Mucksch/ Behme (1998), S. 69-70.
[272] Vgl. Schinzer/Bange (1999), S. 52.
[273] Vgl. Schinzer/Bange (1999), S. 52.

Systemen genutzt werden können.[274] Allerdings wird damit auch das zugrundeliegende Datenmodell komplexer.

„Ein virtuelles Data Warehouse besteht lediglich aus einer Meta-Datenebene"[275], und
im Gegensatz zum zentral organisierten Data Warehouse existiert keine strenge
Trennung zwischen transaktions- und analyseorientierten Daten. Somit liegen nur
noch die Metadaten in physischer Form vor, und bei einer Abfrage wird direkt auf
die operativen Datenbestände (als virtuelle Datenbasis) „durchgegriffen".[276] Vorteilhaft ist das dann, wenn unbedingt aktuelle Detaildaten benötigt werden und nur ein
begrenzter Zugriff auf die operativen Daten möglich ist, denn jede zusätzliche Belastung der OLTP-Datenbanksysteme, die im Durchschnitt schon mit 90% System-
auslastung zurechtkommen müssen, kann zum Zusammenbruch dieser Systeme
führen.[277] Ein weiterer Punkt, der für die „Anschaffung" eines virtuellen Data Warehouse spricht, ist in den vergleichsweise geringen Kosten und der schnellen Realisie-
rung zu sehen.[278]

3.3.1.5 Datenmodellarten

Dieser Abschnitt soll nicht für eine erneute Diskussion verschiedener Datenmodellarten für unterschiedliche mehrdimensionale Datenbankensysteme genutzt werden,
da die im Rahmen dieser Arbeit notwendige Erläuterung schon in Abschnitt 3.2.1.4
erfolgte. Für ein Data Warehouse kommen im Rahmen mehrdimensionaler Datenstrukturen auf der logischen Ebene vorwiegend relational mehrdimensionale Datenstrukturen zum Einsatz, die in ROLAP-Datenbanksystemen implementiert werden.[279] Auf der logischen Ebene werden die Daten mittels sog. STAR-Schemata, dem
mehrdimensionalen Gedanken Rechnung tragend, modelliert.

Die auf dem Data Warehouse aufsetzenden, und eher physikalisch mehrdimensionale
Datenstrukturen nutzenden,[280] Abfrage- und Analyse-Werkzeuge werden im folgenden näher zu betrachten sein.

---

[274] Vgl. Holthuis/Mucksch/Reiser (1995), S. 29.
[275] Mucksch/ Behme (1998), S. 73.
[276] Vgl. Schinzer/Bange (1999), S. 50.
[277] Mucksch/ Behme (1998), S. 73-74.
[278] Vgl. Schinzer/Bange (1999), S. 50.
[279] Vgl. Nußdorfer (1998a), S. 22; Nußdorfer (1998b), S. 16f.
[280] Vgl. Hyperion Software Corporation (1998), S. 7. Der auf den Umsatz bezogen größte Anbieter
       von OLAP-Tools auf mehrdimensional relationaler Basis ist *Microstrategy* mit einem Marktanteil
       von 6,9% auf Platz 4 [vgl. Pendse (1999b), Abschnitt „Total worldwide OLAP market shares"].

3.3.2 On-Line Analytical Processing

Neben der effizienten Datenspeicherung und -verwaltung sollen die in das Data
Warehouse eingespielten Datenbestände auch dem interaktiven Zugriff und der
interaktiven Analyse dienen. Allerdings bringt ein zentrales Data Warehouse in dieser
Hinsicht eine gewisse Schwerfälligkeit mit sich, wodurch eine Auslagerung von
Teildatenbeständen in sog. Data Marts sinnvoll erscheint.[281] Diese weisen bei entsprechender Architekturform[282] ein physisch mehrdimensionales Datenmodell auf
und bilden somit eine geeignete Grundlage für die darauf aufsetzenden Analysewerk-
zeuge oder OLAP-Tools, welche durch schnellen, interaktiven Zugriff auf die (Ausschnitte der) Unternehmensdaten die schon vielfach angesprochene natürliche
Sichtweise des Managers auf diese Entscheidungsvariablen nachzubilden versuchen.[283]

Außerdem gewährleisten sie im Gegensatz zum Data Warehouse nicht nur einen
lesenden, sondern auch einen schreibenden Zugriff auf den Datenbestand.[284] Das für
diese Arbeit genutzte Werkzeug läßt sich in die Kategorie der OLAP-Tools einordnen. Aus diesem Grund erfolgt in den nächsten Abschnitten eine kurze Beleuchtung
des theoretischen Hintergrundes der OLAP-Werkzeuge.

3.3.2.1 Definition und historischer Überblick

Das Schlagwort OLAP tauchte erstmalig 1993 auf und wurde vom „Vater des relationalen Datenmodells" E. F. Codd ins Leben gerufen. Er erkannte die mangelnde
Fähigkeit transaktionsorientierter Datenbanksysteme, basierend auf herkömmlichen
relationalen Datenmodellen, Daten auf multidimensionale Weise zu verdichten, zu
analysieren und zu präsentieren. „OLAP is the name given to the dynamic enterprise
analysis required to create, manipulate, animate, and synthesize information
from ... data analysis models."[285] Dies schließt die Fähigkeit ein, nicht antizipierte
Beziehungen zwischen Variablen zu erkennen, große Datenvolumina zu handhaben,
eine unbegrenzte Anzahl von Dimensionen zu kreieren und über diese hinweg Bedingungen und Gleichungen zu definieren.[286]

---

[281] Vgl. Gluchowski/Schelp (1997), S. 409; Inmon/ Welch/ Glassey (1997), S. 176ff.
[282] Vgl. dazu Abschnitt 3.3.2.3.
[283] Vgl. OLAP-Council (1995), Abschnitt „OLAP and OLAP Server Definitions"; Schelp (1999),
      S. 282.
[284] Vgl. Hyperion Software Corporation (1998), S. 13.
[285] Codd/Codd/Salley (1993), S. 8.
[286] Vgl. Codd/Codd/Salley (1993), S. 8f., im Original englisch.

3.3.2.2 Anforderungen

Codd stellte basierend auf der oben genannten Definition einen Anforderungskatalog auf, an dem sich OLAP-Werkzeuge seiner Meinung nach messen lassen müssen, und der zur Auswahlunterstützung beim anstehenden Kauf dienen kann.[287]

Dazu gehören u.a. die Fähigkeiten, die Sicht auf die Daten der Managerperspektive anzupassen und diesem Operationen zur Verfügung zu stellen, die ihn intuitiv, z.b. mittels slice und dice, durch die Datenbestände navigieren (Multidimensional View) und auf Datenbestände älterer Systeme zugreifen lassen (Accessibility, Intuitive Data Manipulation), ohne daß er dies aktiv zur Kenntnis nimmt (Transparency). Für die zu analysierenden Daten müssen mannigfaltige Präsentationsmöglichkeiten zur Verfügung stehen (Flexible Reporting). In bezug auf sowohl einfache als auch komplexe Abfragen sind stets schnelle Antwortzeiten zu gewährleisten (consistent reporting performance), um den Manager nicht in seinem Gedankenfluß zu unterbrechen. Dieser Punkt kann als kritischer Erfolgsfaktor von OLAP-Tools gesehen werden. Lauffähigkeit auf Client/Server-basierten Hardware-Lösungen (Client-Server-Architecture) und die damit verbundene Mehrbenutzer-Unterstützung (Multi-User Support) sind weitere Standardvoraussetzungen, genau wie die Forderung nach Rechenoperationen über Dimensionen hinweg (Unrestricted Cross-Dimensional Operations) und eine effektive Speicherplatzausnutzung (Dynamic Sparse Matrix Handling). Es soll ferner machbar sein, beliebig viele Dimensionen und Aggregationen von Werten einzelner Dimensionen zu bilden (Unlimited Dimensions and Aggregation Levels), wobei alle Dimensionen die gleichen Standardoperationen erlauben (Generic Dimensionality).

Innerhalb dieses Anforderungskatalogs stellte *Codd* zugleich ein Tool vor,[288] daß alle diese Punkte erfüllte und somit vollkommen OLAP-tauglich war. Hersteller ähnlicher Komponenten begannen ihrerseits, immer neue Anforderungen hinzuzufügen, die nur ihre Software in der Lage war zu erfüllen. Dennoch wird *Codd* mit der Aufstellung dieser 12 Regeln auch heute noch als Begründer der OLAP-Standards gesehen.[289]

---

[287] Vgl. Jung (1998), S. 12. Die im folgenden Absatz vorgestellten Anforderungen sind aus dem von *Codd* vorgestellten Anforderungskatalog entnommen und als die 12 OLAP-Regeln bekannt [vgl. Codd/Codd/Salley (1993), S. 12ff.].

[288] Es handelte sich dabei um das in dieser Arbeit verwendete Software-Tool *Hyperion Essbase*, daß 1993 den Namen *Arbor Essbase* trug.

[289] Vgl. Schinzer/Bange/Wehner/Zeile (1997), S. 38; Chamoni/Gluchowski (1999b), S. 263; Gluchowski/Gabriel/Chamoni (1997), S. 92; Holthuis (1998b), S. 51. Eine herstellerunabhängige und technologiefreie Beschreibung des OLAP-Gedankens entwickelten *Pendse* und *Creeth* unter dem Akronym FASMI, das sich aus den fünf Schlüsselwörtern Fast Analysis of Shared Multidimensional Information zusammensetzt [vgl. Pendse/Creeth (1999), Abschnitt 3ff.].

3.3.2.3 Ausprägungen und Organisationsformen

OLAP-Komponenten im Zusammenspiel mit Data Warehouse-Architekturen können hardware-technisch auf verschiedene Art und Weise betrieben werden, was
gleichermaßen die Art der zugrundeliegenden Datenmodelle beeinflussen kann.
Unterschieden wird zwischen der sogenannten 2-Schichten- und 3-Schichten-Archi-
tektur.[290]

Bei einer 2-Schichten-Architektur teilen sich der Unternehmensserver, der die Daten
des Data Warehouse beinhaltet, und der OLAP-Client die Arbeit. Der Server, auf
dem die Unternehmensdaten in Form relationaler Modelle vorliegen, unterstützt den
Client bei der Berechnung, aber die Transformation der relational mehrdimensionalen in die physisch mehrdimensionalen Strukturen, die mit der multidimensionalen
Analyse verbunden ist, übernimmt der Client-Rechner.

Die 3-Schichten-Architektur stellt zwischen den Unternehmensserver und den Client
einen sogenannten Abteilungsserver, der beiden Teilen Arbeit abnimmt und in den
meisten Fällen Ausschnitte der im Data Warehouse abgelegten Daten – in Form
eines Data Marts – für die spezifische Abteilung enthält. Es herrscht hier zum einen
die Variante vor, daß der Abteilungsserver die Daten noch in relationaler Form
abspeichert und mehrdimensionale Kalkulationen deshalb immer noch auf den
Client-Rechner entfallen, weil der Datenbestand nicht so umfangreich ist. Zum
anderen besteht die Möglichkeit, die mehrdimensionale Anwendung in Form eines
physisch mehrdimensionalen Datenbanksystems auf dem Abteilungsserver zu unter-
halten. Diese Form der Datenhaltung wird von immer mehr Anbietern offeriert und
bietet noch Potentiale für Verbesserungen, wohingegen die Möglichkeiten der relationalen Modelle fast ausgereizt erscheinen.[291]

3.3.2.4 Aufbau

OLAP-Datenbanken, die mehrdimensionale Daten nicht mit Hilfe relationaler Strukturen, sondern mehrdimensionaler Datenwürfel ablegen, haben sich mittlerweile
einen großen Marktanteil gesichert.[292] Der generelle Aufbau kann aber als analog zu

---

[290] Vgl. im folgenden Inmon/ Welch/ Glassey (1997), S. 213ff.

[291] Systeme, die einen Zugriff auf relational mehrdimensionale Daten gewährleisten und zusätzlich
eine eigene physisch mehrdimensionale Datenspeicherung implementiert haben, werden als hyb-
ride OLAP-Produkte bezeichnet [vgl. Pendse (1999c), Abschnitt „What Problems?"].

[292] Vgl. Pendse (1999b), Abschnitt „Total worldwide OLAP market shares", aus dem hervorgeht,
daß sich *Hyperion Solutions* 1998, bezogen auf den Umsatz, den größten Marktanteil zusicherte
und damit im Bereich der OLAP-Produkte vor Oracle liegt, die ihrerseits ebenso mehrdimensionale OLAP-DBS anbieten, welche aber auf dem Multicube-Ansatz aufbauen [vgl. Pendse (1999a),
Abschnitt „Multicubes"].

den operativen Datenbanksystemen angesehen werden, auch wenn durch die diffe-
rierenden Anforderungen andere Schwerpunkte gesetzt werden.

Es liegt somit auch hier eine Datenbasis zugrunde, welche die Daten gemäß dem im
Datenbankverwaltungssystem enthaltenen mehrdimensionalen Datenmodell ablegt.
Ebenso existieren nach außen hin Kommunikations-Schnittstellen, die auf der einen
Seite den Import der Daten realisieren und auf der anderen Seite Abfragen ausführen. Diesen Programmschnittstellen stehen Administrations-Schnittstellen zur Seite,
die dem Datenbankadministrator für Verwaltungstätigkeiten dienen. Im Data Dictio-
nary sind alle notwendigen Metadaten enthalten, die benötigt werden, um Angaben
über das zugrundeliegende Datenmodell, die Herkunft der Daten usw. zu erhalten.[293]

3.3.2.5 Datenmodellarten

Auf den Unterschied zwischen physisch und relational mehrdimensionalen Datenmodellen ist in dieser Arbeit schon hingewiesen worden. Die in OLAP-Datenbanksystemen vorhandenen physisch mehrdimensionalen Datenstrukturen können, wie in
Abschnitt 3.2.1.5 beschrieben, als Multi- oder Hypercube vorliegen. Wie bereits
erwähnt, existieren jedoch keine Standards für konkrete Datenmodelle, da jeder
Hersteller eigene Konzepte entwickelt hat, das logische Modell zu präsentieren und
dieses in das interne physische Modell umzuwandeln.

Dieser Abschnitt soll deshalb dafür genutzt werden, eine andere Art von Modell
vorzustellen. Dieses stellt auf den Gedanken der statischen und dynamischen Datenanalyse ab. Die statische Datenanalyse erlaubt nur den Vergleich von in der Datenbank vorhandenen Daten. Die dynamische Datenanalyse ermöglicht es dem Anwender dagegen, vorhandene Daten zusätzlich so zu manipulieren, daß aus den Änderungen z.B. Trends in die Zukunft berechnet werden können. Gemäß *Codd* lassen
sich diese Modelle in vier Kategorien einteilen:[294]

(1) Das kategorische Modell

(2) Das exegetische Modell

(3) Das kontemplative Modell

(4) Das formelbasierte Modell

Mit aufsteigender Numerierung erhöht sich der Grad der möglichen Benutzerinteraktion und zunehmend ist eine Analyse nicht nur von historischen Datenbeständen,
sondern auch eine Projektion in die Zukunft möglich.

---

[293] Vgl. Mucksch (1996), S. 105; Mucksch/ Behme (1998), S. 64; Gluchowski (1996), S. 245. Zum
konkreten Aufbau eines Data Dictionary-Systems mit seinen Komponenten vgl. Gabriel/Röhrs
(1995), S. 159ff.
[294] Vgl. im folgenden Codd/Codd/Salley (1993), S. 9.

OLAP-Tools, die dem kategorischen Modell zugeordnet werden, erlauben nur eine vollständig statische Datenanalyse, da nur einen Vergleich historischer Werte mittels Abfragen und wenig Benutzerinteraktion ermöglicht wird. Mit Hilfe von Tools, die dem (auch noch statischen) exegetischen Modell zugerechnet werden, kann schon nachvollzogen werden, auf welchem Weg die aktuellen Daten entstanden sind. Voraussetzung dafür ist eine erhöhte Benutzerinteraktion. Der dritten Kategorie zuzurechnende Analysetools erlauben eine dynamische Datenanalyse, die dem Benutzer das Ändern bestehender Zahlen anbietet und per Trendanalyse daraus entstehende zukünftig mögliche Ergebnisse kalkuliert (what-if-Analyse). Mit Hilfe von auf dem formelbasierten Modell beruhenden Anwendungen soll es darüber hinaus ermöglicht werden, den Weg, der zu einem gewünschten Ergebnis führen kann (how-to-achieve-Analyse), aufzuzeigen.

Codd führt an, daß noch kein Tool existiert, das in der Lage ist, alle dynamischen Datenanalysen im Sinne der Modelle (3) und (4) vollständig durchzuführen.[295] Inwieweit *Hyperion Essbase* diesen Anforderungen genügt, wird in Abschnitt 5.5 untersucht.

Wie die Abschnitte 3.3.1 und 3.3.2 gezeigt haben, sind Data Warehouse und OLAP-Anwendungen keine lose nebeneinander stehenden oder konkurrierenden, sondern komplementäre Systeme, die erst beim gemeinsamen Betrieb ihren vollen Nutzen unter Beweis stellen können.[296] Das Data Warehouse übernimmt die Speicherung und Verwaltung der Daten, und die OLAP-Anwendungen gewährleisten die Transformation der Daten in strategische Informationen.[297] Nach der Betrachtung des Begriffes des Datenmodells v. a. im mehrdimensionalen Umfeld, beschäftigt sich der nächste Abschnitt mit der Erstellung solcher Datenmodelle – der Datenmodellierung.

3.4 Vorgehensweisen bei der Modellierung

Um den Prozeß der Datenmodellierung beleuchten zu können, ist eine kurze Einführung in das Umfeld der Datenmodellierung angebracht. Ausgehend von den Verfahren des Software Engineering (Abschnitt 3.4.1) wird auf Besonderheiten bei der Entwicklung von Datenbanksystemen hingewiesen, die im Rahmen des Data Base

---

[295] Vgl. Codd/Codd/Salley (1993), S. 10. Allerdings ist festzuhalten, daß dieser Artikel schon 1993 geschrieben wurde. *Koutsoukis*, *Mitra* und *Lucas* sprechen in ihrem Beitrag von 1999 [vgl. Koutsoukis/Mitra/Lucas (1999), S. 4] diese Modelle erneut an, übernehmen die damaligen Feststellungen von *Codd*, *Codd* und *Salley* aber ohne Veränderungen. An dieser Stelle ist fraglich, ob sich in dieser Hinsicht innerhalb von sieben Jahren wirklich nichts verändert hat.

[296] Vgl. Raden (1996), S. 199.

[297] Vgl. Forsman (1997), S. 1; Codd/Codd/Salley (1993), S. 9; Inmon/ Welch/ Glassey (1997), S. 183.

Engineering erläutert werden (Abschnitt 3.4.2), um anschließend zu untersuchen, inwieweit sich diese Methoden auf mehrdimensionale Datenbanksysteme anwenden lassen (Abschnitt 3.4.3). Im Rahmen dieser Untersuchung werden vier Ansätze vorgestellt, aus denen ein Vorgehensmodell für die in Kapitel 4 durchzuführende Modellierung der Balanced Scorecard zusammengestellt wird. In Abschnitt 3.4.4 erfolgt aus den vorgestellten Ansätzen die Zusammenstellung eines passenden Vorgehensmodells für diese Arbeit.

Der Prozeß zur Erstellung von Software wird im Rahmen sogenannter Vorgehensmodelle im Bereich des Software Engineering diskutiert. Software Engineering bedeutet allgemein das Anwenden wissenschaftlicher Verfahren und Erkenntnisse auf das Erstellen von Software.[298] Im Rahmen dieser Arbeit wird aber nicht diese enge Definition zugrunde gelegt, sondern ebenso der wirtschaftliche Einsatz von Software zum Software Engineering hinzugezählt.[299]

„Ein Vorgehensmodell ist ein Ablaufmodell, das empfiehlt, wie man bei der Entwicklung eines Anwendungssystems vorgehen sollte, um ein solches System wirksam und wirtschaftlich zu realisieren."[300] Damit werden rahmenartig Arbeitsabläufe und durchzuführende Aktivitäten vorgegeben, Teilprodukte definiert, Fertigstellungskriterien, Mitarbeiterqualifikationen und -verantwortlichkeiten vorgegeben und anzuwendende Standards, Richtlinien, aber auch Methoden und Werkzeuge spezifiziert.[301] Oberstes Ziel des Software Engineering ist somit, das Entwickeln von qualitativ hochwertiger Software und ihre Wartung und Pflege im praktischen Einsatz so effizient wie möglich zu gestalten.[302]

In dieser Arbeit wird nur ein Ausschnitt aus dem Prozeß der Software-Erstellung betrachtet, da der Schwerpunkt des praktischen Teils dieser Arbeit auf der Modellierung und Implementierung liegt. Diese Teilbereiche der Software-Entwicklung werden im folgenden näher betrachtet. Dabei gilt es, eine geeignete Vorgehensweise für die Erstellung eines mehrdimensionalen Datenmodells zu finden.

3.4.1 Generelle Vorgehensmodelle

Langjährige Anstrengungen im Bereich des Software Engineering brachten bis heute eine Vielzahl von Modellen hervor, die den Prozeß der Entwicklung von Software beschreiben bzw. rahmenartig vorgeben. In diesem Zusammenhang wird auch von

---

[298] Vgl. Wirtz (1997), S. 362.
[299] Vgl. Pomberger/Blaschek (1993), S. 3.
[300] Seibt (1997), S. 431.
[301] Vgl. Balzert (1998), S. 98.
[302] Vgl. Gabriel (1990), S. 262.

Prozeßmodellen gesprochen.[303] Allerdings handelt es sich bei diesen Modellen, wie schon oben angedeutet, um Vorgehensweisen, die in der Regel den gesamten Software-Lebenszyklus betrachten, der von der Problementstehung und -formulierung bis zur Wartung und Pflege reicht.[304] Diese Vorgehensmodelle umfassen auch die hier zu betrachtenden Teilbereiche der Modellierung und Implementierung. Mit Modellierung wird im allgemeinen die Erstellung eines Modells bezeichnet.[305] Der Begriff der Implementierung wird im weiteren Verlauf dieser Arbeit als Phase des Software-Entwicklungsprozesses verstanden und betrifft die Umsetzung des Entwurfs bzw. Modells in ein lauffähiges Programm, das hier eine mehrdimensionale analyseorientierte Datenbankanwendung darstellt.[306]

Ein bekanntes Vorgehensmodell in Anlehnung an den Software-Lebenszyklus ist das Wasserfallmodell.[307] Dabei wird die Software in sukzessiven Stufen entwickelt und nach Abschluß jeder Phase erfolgt eine Rückkopplung zur vorherigen Phase, um gegebenenfalls Überarbeitungen vorzunehmen.[308] Das Wasserfallmodell ist in seinem Aufbau sehr strukturiert und übersichtlich gehalten und erfordert dadurch bei seiner Anwendung nur wenig Managementaufwand. Eine Benutzerbeteiligung ist nur in der Definitionsphase vorgesehen. Gerade das ist aber als Nachteil zu sehen, denn der Erfolg eines analyseorientierten Informationssystems hängt sehr von der Akzeptanz bei den späteren Benutzern ab, weswegen diese möglichst in den gesamten Software-Erstellungsprozeß eingebunden werden sollten. Da mehrdimensionale Datenbanksysteme zur späteren Nutzung an das Management adressiert sind, kann nur die zusätzliche intensive Einbindung des Managements als Promotor zu einem erfolgreichen Einsatz solcher Systeme führen.[309] Auch umfangreiche Erweiterungen des Wasser-

303 Vgl. Balzert (1998), S. 98.
304 Vgl. o.V. (1997c), S. 756f.; Pomberger/Blaschek (1993), S. 18.
305 Vgl. Sinz (1997), S. 271. Bei der Modellierung betriebswirtschaftlicher Tatbestände geht es vor allem darum, diese betrieblichen Problemstrukturen in formale, abstrakte Modelle umzusetzen [vgl. Gluchowski/Gabriel/Chamoni (1997), S. 82].
306 Vgl. Mülder (1997), S. 193. Daneben kann Implementierung auch als Durchsetzung neuer Informationstechniken oder als umfassender Gestaltungsansatz interpretiert werden [vgl. Mülder (1997), S. 193].
307 Vgl. Boehm (1986), S. 30f. Der Name Wasserfallmodell rührt daher, daß die Ergebnisse der vorherigen Phase als Voraussetzung, wie bei einem Wasserfall, in die nächste Phase fallen.
308 Vgl. Balzert (1998), S. 99. Grundsätzlich ist die Einteilung solch komplexer Prozesse in einzelne Phasen sinnvoll, um die Qualität zu steigern, die Komplexität des Gesamtprojektes zu reduzieren und die Entwicklung transparent zu machen [vgl. Biethahn/ Fischer (1994), S. 55].
309 Vgl. Gluchowski/Gabriel/Chamoni (1997), S. 125 und S. 210, die das Einbeziehen des späteren Benutzers als kritischen Erfolgsfaktor für ein MSS bezeichnen und diese Vorgehensweise partizipative Entwicklungsphilosophie nennen [vgl. ebenda, S. 135].

fallmodells, wie z.B. das V-Modell, beseitigen den Umstand der mangelnden Endbe-
nutzer-Einbindung in den Erstellungsprozeß nicht.[310]

Geeigneter erscheinen die sogenannten Prototyping-Ansätze, die systematisch die
frühzeitige Erstellung ablauffähiger Versionen (Prototypen) unterstützen, um so
Anforderungen an die Software umzusetzen, zu experimentieren und Möglichkeiten
zu demonstrieren.[311] OLAP-Anwendungen, die für den Manager als Nicht-DV-
Experten entwickelt werden, stellen Funktionen und Möglichkeiten bereit, die diese
infolge mangelnden Kenntnisstandes als Anforderungen oft nicht formulieren können. Eine wechselseitige Koordination zwischen Anwendern und Entwicklern kann
helfen, Mißverständnisse auszuschließen und gegenseitiges Lernen zu fördern.[312]
Allerdings ist das Prototyping nicht als alleinige Entwicklungsstrategie zu verstehen,
sondern nur in Verbindung mit einem anderen Vorgehensmodell anwendbar.[313]
Dafür bietet sich beispielsweise das Spiralmodell an, dessen Ausgangspunkt eine Idee
bildet, die in einem ersten schnell erstellten Programm umgesetzt wird, um danach
genauere Anforderungen zu definieren und das Programm entsprechend zu verfei-
nern. Dieser Prozeß wird fortgesetzt, bis ein vollständiges Systemprodukt vorliegt.[314]
Im Extremfall können alle Schritte der sequentiellen Software-Entwicklung mehr-
mals durchlaufen werden,[315] was den Nachteil mit sich bringt, extrem kostenintensiv
zu sein, auf der anderen Seite aber den Vorteil hat, den Endanwender so intensiv wie
möglich in den Entwicklungsprozeß einbeziehen zu können.

3.4.2 Vorgehensmodelle bei der Entwicklung von Datenbanksystemen

Vorgehensweisen des Software Engineering lassen sich i.d.R. auch auf die Erstellung
und den Einsatz von Datenbanksystemen übertragen. Analog dazu nennt *Gabriel*
diesen Prozeß Data Base Engineering.[316] Orientiert an der Entwicklung von Software
im Software Engineering, das sich wiederum am Software-Lebenszyklus ausrichten

---

[310] Eine ausführliche Beschreibung des V-Modells ist in Balzert (1998), S. 101ff. zu finden.
[311] Vgl. Balzert (1998), S. 115. Es kann dabei zwischen explorativem, experimentellem und evolutio-
närem Prototyping unterschieden werden. Das explorative Prototyping unterstützt insbesondere
die ersten Phasen des Entwicklungsprozesses (in Form einer Anforderungsanalyse und System-
spezifikation), während der Schwerpunkt des experimentellen Prototypings auf der Unterstützung
beim Systementwurf (System- und Komponentendesign) liegt. Das evolutionäre Prototyping unterstützt hingegen die gesamte sukzessive Systementwicklung, wodurch stets neue Prototypen
entstehen und nicht immer zwischen Prototyp und Produkt unterschieden werden kann [vgl.
Gabriel (1998), S. 14; Pomberger/Blaschek (1993), S. 3-5].
[312] Vgl. Balzert (1998), S. 114.
[313] Vgl. Gluchowski/Gabriel/Chamoni (1997), S. 127.
[314] Vgl. Balzert (1998), S. 129ff; Gluchowski/Gabriel/Chamoni (1997), S. 128ff.; Hansen (1996),
S. 140ff.
[315] Vgl. Gluchowski/Gabriel/Chamoni (1997), S. 130.
[316] Vgl. Gabriel (1998), S. 1.

kann, stellt er folgende sieben Phasen zur Entwicklung eines Datenbanksystems vor:[317]

(1) Problemanalyse und Planung eines Datenbanksystems

(2) Istanalyse, Anforderungsdefinition an ein Datenbanksystem und Erstellung eines Fachkonzepts

(3) Auswahl eines Datenbankentwicklungssystems und seine Bereitstellung bzw. Beschaffung

(4) Erstellung eines Systemkonzepts für das zu entwickelnde Datenbanksystem

(5) Implementierung und Testen des entwickelten Datenbanksystems

(6) Integration und Einführung des erstellten Datenbanksystems

(7) Einsatz des erstellten Datenbanksystems und seine Wartung und Pflege

Legt man diese Schritte für den Erstellungsprozeß eines Datenbanksystems zugrunde, muß mit Blick auf die vorliegende Aufgabenstellung eine Konzentration auf die Punkte (2), (4) und (5) erfolgen.

Der Fokus liegt im Punkt (2) auf der Erstellung eines Datenmodells auf Fachkonzeptebene, das als Grundlage für die in Schritt (4) und (5) folgende Erstellung eines Systemkonzepts mit anschließender Implementierung und darauffolgendem Test dient. Da Datenmodelle eine zentrale Rolle im Entwicklungsprozeß eines Datenbanksystems spielen, muß darauf geachtet werden, daß das Datenmodell zum beschafften Datenbanksystem paßt.[318] Das in dieser Arbeit genutzte Datenbanksystem *Hyperion Essbase* enthält schon ein eigenes Datenmodell, weshalb es in diesem Fall durch die proprietären Vorgaben zu keinem Konflikt zwischen ausgewähltem Datenbanksystem und Datenmodell kommen kann und Schritt (3) nicht näher betrachtet werden muß.

Ziel der Implementierungsphase ist es, das Datenmodell so auf einen Rechner zu übertragen, daß alle an das Datenbanksystems gestellten Anforderungen und Aufgaben erfüllt werden.[319]

Allen Teilschritten – so auch den hier betrachteten – ist gemeinsam, daß eine umfassende Dokumentation der einzelnen Prozesse zur leichteren Durchführung der weiteren Schritte, insbesondere für die Wartung und Pflege, von hoher Bedeutung ist.[320]

---

[317] Zu einer ausführlichen Beschreibung der Inhalte dieser Schritte vgl. Gabriel (1998), S. 19ff.
[318] Vgl. Gabriel (1998), S. 26.
[319] Vgl. Gabriel (1998), S. 27.
[320] Vgl. Gabriel (1998), S. 26; Pomberger/Blaschek (1993), S. 160ff.

3.4.3 Besonderheiten bei mehrdimensionalen Datenbanksystemen

Bei der Betrachtung der einzelnen Phasen des Data Base Engineering muß eingeräumt werden, daß diese Vorgehensweise insbesondere für transaktionale Datenbanksysteme entwickelt wurde. Allerdings muß darauf geachtet werden, daß bei der
Entwicklung analyseorientierter Datenbanksysteme hinsichtlich der Einbindung der
späteren Anwender noch andere Wege beschritten werden müssen, als bei der Erstellung von OLTP-Datenbanksystemen. Bei deren Erstellung wurde zwar auch
schon eine partizipative Strategie gefordert,[321] jedoch müssen sich die Manager als
Geldgeber später selbst nicht mit dem Datenbanksystem auseinandersetzen, wodurch
ein Interesse ihrerseits am Kontakt zwischen Entwicklern und zukünftigen Nutzern
nicht unbedingt gegeben sein muß. Anders ist dies bei OLAP-Datenbanksystemen,
die eine hohe Akzeptanz auf der Führungsebene erreichen müssen, um letztendlich
auch eingesetzt zu werden. Speziell beim Einsatz mehrdimensionaler Datenbanksysteme als Basis analyseorientierter Informationssysteme ist darauf zu achten, daß
diese den Benutzeranforderungen entsprechen, da es sich besonders bei den Anwendern von Führungsinformationssystemen oft um Nicht-DV-Experten handelt, die
eine intuitiv zu bedienende Benutzungsoberfläche benötigen und den Aspekt der
Nutzbarkeit und Nützlichkeit von Informationen im Vordergrund sehen.[322] Werden
diese Anforderungen nicht erfüllt, kann dies zur sofortigen Ablehnung des Systems
führen.[323] Das Einbeziehen der zukünftigen Anwender in die Entwicklung und das
zusätzliche Bestimmen eines „Machtpromotors", ist deshalb während der gesamten
Entwicklungsphase zu gewährleisten.[324]

Geeignet für die Entwicklung von analyseorientierten Datenbanksystemen ist das
evolutionäre Vorgehen. Dabei werden bestimmte Entwicklungsschritte sukzessive
immer wieder durchlaufen, deren Ergebnis eine immer neue Softwaregeneration
darstellt.[325] Eine Wartung und Pflege der „Altsysteme" findet in dem Maße der
phasenorientierten Software-Entwicklung angelehnt an den Software-Lebenszyklus
nicht statt. Vielmehr werden Fehler in den älteren Versionen durch die neue Generation behoben.[326] Die anfängliche Implementierung sollte in wenigen, aber wohlüber-
legten, Schritten vorgenommen werden, wobei eine evolutionär wachsende Lösung
erarbeitet wird.[327] Da ein OLAP-Datenbanksystem bei wechselnden Um-

---

[321] Siehe FN 309.
[322] Vgl. Gabriel/Gluchowski (1997), S. 19.
[323] Vgl. Jahnke (1993), S. 33.
[324] Vgl. Jahnke (1993), S. 35.
[325] Vgl. Gluchowski/Gabriel/Chamoni (1997), S. 132.
[326] Gluchowski/Gabriel/Chamoni (1997), S. 132.
[327] Vgl. Jahnke (1993), S. 38.

weltbedingungen flexibel änderbar und den Benutzerwünschen anpaßbar sein sollte, ist es als nie fertig anzusehen und muß ständig überarbeitet und weiterentwickelt werden.[328]

Der Phase der Datenmodellierung ist bei der Erstellung von OLAP-Datenbanksystemen, genau wie bei der Entwicklung von OLTP-Datenbanksystemen, von großer Bedeutung. Allerdings stößt man im Fall der mehrdimensionalen Datenbanksysteme im Gegensatz zu den (transaktionalen) relationalen Datenbanksystemen auf das Problem, daß noch keine einheitliche Meinung zum Modellierungsprozeß und auch keine Standard-Datenmodelle mit vereinheitlichten Zugriffssprachen (wie z.b. SQL) vorhanden sind.[329] Allerdings ist dieses Problem erkannt und es werden von einigen Autoren Vorschläge zum Modellierungsprozeß entworfen. Auch Empfehlungen für Datenmodelle auf der semantischen Ebene, die nicht mit proprietären Eigenheiten behaftet sind, erscheinen zunehmend.[330] Im folgenden sei der Prozeß der Datenmodellerstellung für physikalisch mehrdimensionale analyseorientierte Datenbanksysteme in den Betrachtungsmittelpunkt gerückt. Es werden dazu in den folgenden Abschnitten vier Ansätze vorgestellt, die sich dem Problem der Datenmodellierung im Kontext mehrdimensionaler Datenbanksysteme widmen und eine strukturierte Vorgehensweise erkennen lassen.

3.4.3.1 Modellierungsvorschlag von Gabriel und Gluchowski

Gabriel und *Gluchowski* bieten eine Vorgehensweise an, die sich an den Beschreibungselementen der mehrdimensionalen Datenstrukturen – unabhängig, ob Hyper- oder Multicube-Ansatz – ausrichtet. Dies sind ihrer Meinung nach:[331]

(1) Betriebswirtschaftliche Variablen und deren Verknüpfungen

(2) Dimensionen, Dimensionsobjekte und Dimensionshierarchien

(3) Regeln (z.B. für den Datenimport, Benutzerzugriff usw.)

Ziel ist es folglich, zuerst die benötigten betriebswirtschaftlichen Variablen (die größtenteils als Kennzahlen vorliegen) zu identifizieren. Dazu wird für jede Kennzahl ein Datenblatt angelegt, das die Bezeichnung, eine Beschreibung, die Berechnungsvorschrift und weitere Attribute, wie z.B. die Datenherkunft, den Aktualisierungszyklus usw. enthält.[332] Im zweiten Schritt erfolgt die Ermittlung des Bedarfs an Dimensionen und deren Dimensionspositionen. Diese werden schließlich in Hierarchien

328 Vgl. Kemper/Ballensiefen (1993), S. 18.
329 Sapia/Blaschka/Höfling (1999), S. 1., ähnlich auch Gabriel/Gluchowski (1997), S. 19.
330 Vgl. dazu FN 195.
331 Vgl. Gabriel/Gluchowski (1997), S. 21. Die Beschreibung dieser Elemente erfolgte schon in Abschnitt 3.2.2.
332 Vgl. Gabriel/Gluchowski (1997), S. 23 und 32.

angeordnet. Zu beachten ist hierbei, daß es einerseits Dimensionen gibt, die als relativ unveränderlich (wie die Zeitdimension) angesehen werden und andererseits Dimensionen existieren, die einem raschen Wandel im Laufe der Zeit unterliegen können (wie z.b. Produktdimensionen).[333] Die Modellierung der Regeln kann sich laut *Gabriel* und *Gluchowski* an den bereits bekannten und akzeptierten Darstellungsformen ausrichten und umfaßt im wesentlichen Regeln zur Wahrung der Datenkonsistenz.[334] In einem letzten Schritt erfolgt die Zusammenfassung der separat erstellten Problemsichten.

3.4.3.2 Ansatz von Totok und Jaworski

Die konzeptionelle Modellierung unterteilt sich diesem Ansatz zufolge in vier Phasen, die sich wie folgt aneinanderreihen:[335]

(1) Ermittlung der benötigten Kennzahlen

(2) Verknüpfungen zwischen den einzelnen Kennzahlen aufzeigen

(3) Dimensionierung der Kennzahlen

(4) Datenwürfel generieren

Der erste Schritt beinhaltet das Abstecken des Gegenstandsbereichs des Modells und das Aufstellen der Fragen, die mit dem Modell beantwortet werden sollen. Ein eventueller Rückgriff auf eine zuvor erfolgte Anforderungsanalyse ist an dieser Stelle sinnvoll.[336] Die kritischen Erfolgsfaktoren der Unternehmung bzw. des zu betrachtenden Bereichs bilden dabei die Grundlage für geeignete Kennzahlen, mit deren Hilfe man die kritischen Erfolgsfaktoren messen und bewerten kann. Vor der Aufnahme der Kennzahlen in geeignete Datenblätter ist die Bildung eines innerbetrieblichen Begriffsstandards anzustreben, um Widersprüchen aus dem Weg zu gehen.[337]

Der Festlegung der zu verwendenden Kennzahlen folgt deren Verknüpfung. Von Vorteil ist an dieser Stelle eine erste Einteilung in Variablen und Formeln. Variablen werden direkt aus den Vorsystemen übernommen und dauerhaft gespeichert, wohingegen die Formeln Ergebnisse aus Berechnungen darstellen, die oft nicht physisch, sondern nur im Arbeitsspeicher nach der Berechnung vorgehalten werden.[338]

---

[333] Vgl. Gabriel/Gluchowski (1997), S. 34; Imon/ Welch/ Glassey (1997), S. 209.
[334] Vgl. Gabriel/Gluchowski (1997), S. 34.
[335] Vgl. Totok/Jaworski (1998), S. 27ff.
[336] Vgl. Totok/Jaworski (1998), S. 27.
[337] Vgl. Totok/Jaworski (1998), S. 28.
[338] Vgl. Totok/Jaworski (1998), S. 29.

Der dritte Schritt dient der Festlegung der Dimensionen, nach denen die einzelnen Kennzahlen betrachtet werden sollen. Hier ergibt sich ein trade-off zwischen betriebswirtschaftlichen und DV-technischen Interessen. Aus Managersicht sollten sich so viele Dimensionen wie möglich abbilden lassen, was aber schnell auf die Restriktionen der Hardware stößt. Obwohl es den Herstellern immer mehr gelingt, eine nahezu unbegrenzte Anzahl von Dimensionen auf der logischen Ebene zu erlauben,[339] ist damit nicht zwingend sichergestellt, daß die Umsetzung auf der physischen Ebene realisiert werden kann.[340] Aus Performance-Gründen sollte deshalb die Anzahl der Dimensionen möglichst gering gehalten werden.[341] Sind diese identifiziert, schließt sich die Frage nach den einzelnen Dimensionspositionen und einer sinnvollen Anordnung in Hierarchien an, wodurch letztendlich die Konsolidierungspfade bestimmt werden.

Schließlich folgt das Generieren des Datenwürfels, der sich aus den bisher besprochenen Elementen Kennzahlen und Dimensionen (einschließlich Dimensionspositionen) zusammensetzt.[342]

Letztendlich orientieren sich die einzelnen Schritte stark an den Vorschlägen von *Gabriel* und *Gluchowski*, beziehen aber keine Datenkonsistenz-Regeln ein.

3.4.3.3 Der Ansatz von Bulos

Bulos präsentiert seine Vorgehensweise zusammen mit einem konzeptionellen Datenmodell[343], das für die grafische Modellierung mehrdimensionaler Datenstrukturen besser geeignet sein soll, als die herkömmlichen Datenmodelle für transaktionale Datenbanksysteme, die nur auf multidimensionale Datenbanksysteme übertragen werden.

Im Rahmen seines Vorgehensmodells beginnt *Bulos* mit einer Problemanalyse, die als Ergebnis die relevanten zu betrachtenden Daten im Sinne von zu analysierenden Variablen (somit den Kennzahlen) und die dazu notwendigen Betrachtungsperspektiven (Dimensionen) liefert.[344]

---

339 Dies entspricht der 12. Regel von Codd bzgl. der OLAP-Tauglichkeit von analyseorientierten
     Datenbanksystemen [vgl. Codd/Codd/Salley (1993), S. 12].
340 Vgl. zu diesem Thema Pendse (1999c), Abschnitt 1ff.
341 Vgl. Totok/Jaworski (1998), S. 29.
342 Vgl. Totok/Jaworski (1998), S. 30.
343 Es handelt sich dabei um das Application Design for Analytical Processing Technologies
     (ADAPT) [Vgl. Bulos (1998), S. 251ff.].
344 Vgl. Bulos (1998), S. 256.

Danach sind die entsprechenden Berechnungen für die jeweiligen Kennzahlen zu ergründen und festzustellen, aus welchen Quellen die zur Berechnung benötigten Daten stammen.[345]

In einem letzten Schritt wird vorgeschlagen, die Kennzahlen in einer Hierarchie anzuordnen (somit in einer Art Kennzahlensystem) und diese mit den entsprechenden Dimension(sposition)en rechnerisch zu verknüpfen.[346]

Der Beitrag von *Bulos* hat seinen Schwerpunkt nicht auf einer ausführlichen Beschreibung eines Vorgehensmodells, sondern der Präsentation seines entwickelten Datenmodells liegt. Dennoch wird deutlich, daß auch seine Vorgehensweise in etwa der von *Gabriel* und *Gluchowski* sowie *Totok* und *Jaworski* entspricht.

3.4.3.4 Vorgehensmodell von Hyperion zu Essbase

Das Handbuch des in dieser Arbeit zur Verfügung stehenden Tools *Hyperion Essbase* präsentiert eine Vorgehensweise, die speziell auf das Werkzeug zugeschnitten ist. In diesem Rahmen werden 6 Schritte vorgegeben, die wie folgt beschrieben sind:[347]

(1) Design-Überlegungen

(2) Planung und Analyse

(3) Entwurf der Hierarchien

(4) Definition der Berechnungen

(5) Analyse der Datenbankgröße

(6) Testen der Datenbank

Für jeden der einzelnen Schritte sind genauere Anweisungen gegeben, die helfen sollen, den Datenbankerstellungsprozeß so weit wie möglich zu strukturieren.[348]

Der erste Schritt beschränkt sich auf generelle Überlegungen, die im zweiten Schritt konkretisiert werden. Je nach Art der Anwendung für finanzielle oder analysierende Zwecke ist herauszufinden, wer in der Unternehmung welche Informationen braucht und in welcher Art diese präsentiert werden sollen.

Die Planungs- und Analysephase beinhaltet das Identifizieren der betriebswirtschaftlichen Variablen und das Festlegen der möglichen Betrachtungsperspektiven, die von den zukünftigen Endbenutzern gefordert werden, um daraus ein Modell zu erstellen.

---

[345] Vgl. Bulos (1998), S. 256.
[346] Vgl. Bulos (1998), S. 256.
[347] Vgl. Hyperion Essbase (1999a), S. 5-1.
[348] Vgl. Hyperion Essbase (1999a), S. 5-1ff.

Die dritte Phase sieht den ersten Entwurf der Hierarchien vor. An dieser Stelle werden den Dimensionen und Dimensionspositionen auch schon ihre Eigenschaften zugewiesen (Dimensionsname und -typ, Art der Speicherung usw.). In der nächsten Phase werden die Konsolidierungspfade festgelegt und die Kennzahlenberechnungen zugewiesen.

Der fünfte Schritt dient laut Handbuch der „Feinabstimmung" der Datenbank durch das effektive Ausnutzen des virtuellen Datenwürfels. So ist z.B. zu hinterfragen, ob alle Kombinationen von Dimensionen sinnvoll ausgenutzt werden, oder ob es zweckmäßiger erscheint, mehrere Datenbanken zu erstellen, als alle Dimensionen in einem Würfel unterzubringen.

Der letzte Schritt beinhaltet das Füllen des Datenwürfels und das ausgiebige Testen der implementierten Funktionen.

3.4.4 Würdigung und Auswahl eines Vorgehensmodells

Der folgende Abschnitt soll der Zusammenfassung der oben vorgestellten Vorgehensweisen insoweit dienen, daß daraus eine für die vorliegende Aufgabenstellung zweckmäßige Vorgehensweise resultiert.

Bei allen Vorgehensmodellen handelt es sich um Top-Down-Ansätze, die zunächst vorsehen, den betriebswirtschaftlichen Problembereich abzugrenzen. Ziel der Konzentration auf die kritischen Erfolgsfaktoren der Unternehmung ist dabei die Bestimmung der Kennzahlen, die der ständigen Planung und Kontrolle unterliegen sollen, um den Unternehmensablauf entsprechend steuern zu können. Dazu sind die zur Berechnung dieser Kennzahlen heranzuziehenden Variablen zu identifizieren. Dieser Schritt ist gegebenenfalls solange zu wiederholen, bis keine Kennzahlen mehr vorliegen, die durch andere Zahlen (seien es Absolutzahlen oder Relativzahlen) bestimmt werden oder die höchstmögliche Detailstufe erreicht ist.

Sind diese – den Inhalt des OLAP-Würfels repräsentierenden – Variablen festgelegt, kann in einem zweiten Schritt dazu übergegangen werden, die Betrachtungsperspektiven für die zu überwachenden Variablen festzusetzen. Der Bestimmung der notwendigen Dimensionen folgt die Identifikation der notwendigen Dimensionspositionen, welche schließlich die Granularität der Daten für die einzelnen Verdichtungsstufen festlegen und so die Konsolidierungspfade für die späteren drill-down- und rollup-Funktionen vorgeben.

In der dritten Phase erfolgt das Zusammenführen der Ergebnisse aus den beiden vorherigen Schritten. Hier werden die betriebswirtschaftlichen Variablen mit den entsprechenden Dimensionsattributen jeder Dimension verknüpft. Dabei ist auf die

Restriktionen des Rechnungswesens zu achten, das in vielen Fällen die minimal mögliche Granularität vorgibt.

Das von *Hyperion* vorgestellte Vorgehensmodell spezifiziert im Gegensatz zu den übrigen Ansätzen die Schritte für die sofortige Erstellung eines Datenmodells mit Hilfe dieses Werkzeugs. In dieser Arbeit wird aus Gründen der Übertragbarkeit des zu erstellenden Modells auch auf andere Systeme die allgemeinere Vorgehensweise gewählt, um schließlich bei der Implementierung und beim Testen des Systems die Anregungen des Handbuches von Essbase zu berücksichtigen.

Da Fragen der Datenintegrität im Sinne von Datenkonsistenz, Datensicherheit und Datenschutz, aber auch die Beschaffung der Daten aus dem Data Warehouse, externen Quellen usw. sehr anwendungssystemspezifischer Natur sind, werden diese Punkte mit Blick auf diese Arbeit nicht näher betrachtet.

Die Modellierungsschritte lauten somit wie folgt:

(1) Identifikation des betriebswirtschaftlichen Problembereichs und den diesen charakterisierenden Kennzahlen

(2) Festlegen von Dimensionen, Dimensionspositionen und Hierarchien

(3) Verknüpfung von Dimension(sposition)en und Kennzahlen

An dieser Stelle wird betont, daß es bei diesen drei Schritten um die Konkretisierung der zweiten Phase aus dem Data Base Engineering (aus Abschnitt 3.4.2) handelt. In der darauffolgend betrachteten vierten Phase aus dem Data Base Engineering erfolgt die Umsetzung des in Kapitel 4 zu erstellenden Modells auf der Fachkonzeptebene in das logische Modell des Werkzeugs auf der Systemkonzeptebene. In der fünften Phase des Data Base Engineering findet die Implementierung des Modells im Datenbanksystem mit anschließendem Test in Anlehnung an das mitgelieferte Handbuch von *Essbase* statt.

Somit stehen sowohl die Beschreibungsmittel als auch die Vorgehensweise zur Erstellung eines Datenmodells fest und können im vierten Kapitel angewendet werden.

3.5 Anwendungsbezogene Auswahl von Modellen und Vorgehensweisen als kritischer Erfolgsfaktor

Die bisherigen Ausführung in Kapitel 3 haben gezeigt, daß es sowohl auf der Seite der Datenmodelle als auch auf Seiten der möglichen Vorgehensweisen Alternativen gibt, die es gegeneinander abzuwägen gilt. Die Kunst für den Verantwortlichen des entsprechenden Bereichs besteht darin, für die jeweilige Situation ein passendes Modell und eine adäquate Vorgehensweise auszuwählen.

Betrachtet man zunächst die existierenden Datenmodellarten für mehrdimensionale Datenbanksysteme, hat man die Wahl zwischen relational und physisch mehrdimensionalen Datenmodellen. Eine Abgrenzung relationaler und mehrdimensionaler Datenstrukturen erfolgte schon in Abschnitt 3.2.1 und soll an dieser Stelle nicht noch einmal vorgenommen werden. Ein Test verschiedener OLAP-Tools ergab Vorteile in der Effizienz der Speicherplatzausnutzung für Datenbanksysteme mit relationalen Strukturen und Vorteile im Antwortzeitverhalten für Datenbanksysteme mit mehrdimensionalen Strukturen.[349] *Thomsen* führt zu diesem Thema an, daß jedoch beide Datenmodellarten in der Lage sind, OLAP-Funktionalität bereitzustellen, und es deshalb wichtiger ist, für die entsprechende Situation und die jeweiligen Bedürfnisse ein geeignetes Datenbanksystem auszuwählen.[350] Als kritisch ist somit nicht unbedingt die Auswahl des zugrundeliegenden Datenmodells anzusehen, sondern eher die treffende Auswahl des Datenbanksystems.

Obwohl für die Modellierung mehrdimensionaler Datenbanksysteme, wie schon angedeutet, noch keine einheitlichen Ansätze vorliegen, so werden auch dazu immer neue Vorschläge diskutiert und Versuche einer Standardisierung unternommen. Die vorgestellten Vorgehensmodelle von *Gabriel* und *Gluchowski*, *Totok* und *Jaworski* sowie *Bulos* bieten auf diesem Gebiet aber schon Strukturierungshilfen an, die sich letztlich nicht gravierend vom herstellerspezifischen Vorgehensmodell unterscheiden. Das *Essbase*-Handbuch gibt umfangreiche Hilfestellungen zur Abfolge der wichtigsten Schritte der Datenmodellerstellung, so daß der Datenbankadministrator bzw. Systemprogrammierer bei fehlender Kenntnis von Vorschlägen aus der Wissenschaft mit seinen Problemen nicht allein gelassen wird.

Die Phase der Datenmodellierung ist weiterhin in Konzepte des Data Base bzw. Software Engineering einzubinden, um eine ganzheitliche Vorgehensweise zu etablieren. Als geeignet erscheinen besonders prototyporientierte Vorgehensweisen, um frühzeitig die Bedürfnisse der zukünftigen Benutzer berücksichtigen zu können und den Erfolg des Systems im laufenden Betrieb zu garantieren.

Die Einführung einer analyseorientierten Datenbank stellt oft die Initialisierung eines Data Warehouse-Projekts dar. Ausgehend von dem Gedanken „think big – start small" wird zuerst ein kleiner Teil des Data Warehouse als Data Mart eingeführt, um sukzessive eine gesamte Data Warehouse-Architektur zu implementieren.[351] Im Rahmen dieser Vorgehensweise ist die strategische Bedeutung eines solchen Projektes zu beachten, von der gewisse Gefahren für das Gelingen ausgehen. Nach einer

---

[349] Vgl. Schinzer/Bange/Wehner/Zeile (1997), S. 92ff.
[350] Vgl. Thomsen (1997), S. 79.
[351] Vgl. Holthuis (1998b), S. 215.

Untersuchung von Unternehmen in der Praxis, die Data Warehouse-Projekte durchführen, stellte *Dittmar* einen Katalog mit kritischen Erfolgsfaktoren vor.[352] Wichtig
ist dabei die Erkenntnis, daß bei den Vorgehensmodellen mehrdimensionaler analyseorientierter Datenbanksysteme eine gewisse Analogie zu den Vorgehensweisen bei
klassischen Datenbanksystemen zu erkennen ist,[353] die Schwerpunkte allerdings
verstärkt auf den frühen Phasen des Gestaltungsprozesses liegen,[354] da sich Fehler in
den frühen Phasen des Projektes am Ende kaum noch korrigieren lassen und so oft
zum Scheitern des gesamten Projektes führen.[355]

Das folgende Kapitel dient der Anwendung der theoretischen Erkenntnisse aus
Kapitel 3 und der praktischen Auseinandersetzung mit dem Aspekt der Datenmodellierung.

---

[352] Vgl. Dittmar (1999), S. 104. Als wichtig ist herauszustellen, daß die korrekte Einbeziehung des
Endanwenders in das Projekt – verbunden mit der Wahl geeigneter Sponsoren und externer Berater – von besonderer Bedeutung ist. Ebenso darf ein durchdachtes internes Marketing mit der
gleichzeitigen Vermeidung politisch naiven Verhaltens und dem Aufbau eines unternehmensswei-
ten Begriffsverständnisses nicht fehlen.
[353] Vgl. Holthuis (1998b), S. 214.
[354] Vgl. Dittmar (1999), S. 35.
[355] Vgl. Dittmar (1999), S. I.

4 Modellierung eines Kennzahlensystems für ein analyseorientiertes mehrdimensionales Datenbanksystem

Dieses Kapitel dient der schon angesprochenen Modellierung eines möglichen Ausschnitts der in Abschnitt 2.3.4 ausgewählten Balanced Scorecard und somit der Zusammenführung von Kapitel 2 und 3. Die Vorgehensweise erfolgt nach dem in Abschnitt 3.4.4 vorgestellten Verfahren, das sich eng an den drei zuvor präsentierten Ansätzen von *Gabriel* und *Gluchowski, Totok* und *Jaworski* sowie *Bulos* anlehnt. Eine übersichtliche Darstellung der gefundenen Zusammenhänge beendet das vorliegende Kapitel.

Voraussetzung für die Modellierung ist ein Beispiel-Unternehmen, für das die im folgenden vorgeschlagenen Kennzahlen, Dimensionen, Dimensionsattribute und Betrachtungsperspektiven der Balanced Scorecard gelten sollen. Ein Automobil- und Ersatzteilhersteller (Beispiel AG) ist für diese Zwecke besonders geeignet, da er von Natur aus eine breiter gefächerte Produktpalette aufweist, in zahlreiche Regionen liefert und mit seinen Produkten die verschiedensten Marktsegmente abdeckt.

4.1 Kennzahlen des betriebswirtschaftlichen Problembereichs

Dieser Abschnitt ist am gravierendsten vom verwendeten Kennzahlensystem beeinflußt, da dieses letztendlich die zu berechnenden Variablen vorgibt. Im Fall der Balanced Scorecard liegen noch nicht einmal diese Variablen vor, da es sich nur um ein Konzept handelt, das noch mit entsprechenden Kennzahlen zu füllen ist.

Ausgangspunkt bildet die Unternehmensvision, die auf die vier Perspektiven, aus denen die Unternehmung – von Seiten der Balanced Scorecard – betrachtet werden kann, „heruntergebrochen" wird. Dies sind die finanzwirtschaftliche Perspektive, die Kundenperspektive, die interne Perspektive und die Innovations- und Wissensperspektive. Für jede Perspektive wird die Vision in spezielleren strategischen Zielen ausgedrückt, wofür die kritischen Erfolgsfaktoren mit meßbaren Kennzahlen identifiziert werden.[356]

Der Prozeß der Modellierung einer Balanced Scorecard wird in Ausschnitten anhand des Automobil- und Ersatzteilherstellers gezeigt. Die über den konkreten Strategien stehende Vision lautet für die Beispiel AG folgendermaßen:

---

[356] Vgl. Olve/Roy/Wetter (1999), S. 42.

*Nach erfolgreichem Zukauf einer neuen Gesellschaft soll diese in Zukunft ebenso rentabel
arbeiten wie die Muttergesellschaft.*

Im folgenden wird diese Vision über das Festlegen von Strategien mit jeweils meßbaren Kennzahlen für jede Perspektive der Balanced Scorecard operationalisiert. Die Kennzahlen werden mit Hilfe der von *Gabriel* und *Gluchowski* vorgeschlagenen Datenblätter[357] übersichtlich dargestellt, um ein einheitliches Begriffsverständnis zu etablieren.

4.1.1 Finanzwirtschaftliche Perspektive

Die für diese Perspektive festgelegte Strategie ist zum einen Vorgabe und zum anderen Erfolgsmaß für die anderen Perspektiven.[358] Das Hauptziel, abgeleitet aus der Vision, muß hier für die Beispiel AG lauten, so rentabel wie möglich zu arbeiten. Um diesen Sachverhalt meßbar zu machen, können sog. Rentabilitätskennzahlen herangezogen werden, die in verschiedensten Formen existieren, aber nicht ganz unproblematisch in ihrer Handhabung sind.

Möglich ist eine Rentabilitätsmessung z.b. mit Hilfe des Return on Investment. Dieser läßt sich – angelehnt an das DuPont-Kennzahlensystem – in zwei weitere Kennzahlen zerlegen. Zum einen ist dies die Kapitalumschlagshäufigkeit, zum anderen die Umsatzrentabilität. Die Herkunft dieser Relativzahlen ist folgendermaßen bestimmt: Die Kapitalumschlagshäufigkeit berechnet sich aus dem Quotienten von Umsatz und investiertem Kapital, die Umsatzrentabilität aus dem Quotienten von Gewinn und Umsatz.

An dieser Stelle treten zwei Größen auf, die durch diverse Wahlrechte im Jahresabschluß zum Vor- oder Nachteil der Unternehmung ausgelegt werden können. Dazu zählt insbesondere der Gewinn, der sich aus der Differenz von Erträgen und Aufwendungen ergibt. Dies läßt fälschlicherweise auf eine eindeutige Bestimmung der Gewinngröße schließen. Jedoch sind hinsichtlich der Bestimmung der „Erträge" und „Aufwendungen" etliche Wahlrechte sowohl des Ansatzes als auch der Bewertung im Jahresabschluß gegeben, die es erlauben, den Gewinnausweis manipulierend zu beeinflussen.[359] Ähnliches gilt für das investierte Kapital, dessen Höhe z.B. durch die Wahl des Abschreibungsverfahrens in gewissen Grenzen gesteuert werden kann.[360]

---

[357] Vgl. Gabriel/Gluchowski (1997), S. 22.

[358] Vgl. Olve/Roy/Wetter (1999), S. 60.

[359] Daneben tritt zusätzlich die vom Gesetzgeber vorgeschriebene Ungleichbehandlung von Gewinn (Realisationsprinzip) und Verlust (Prinzip der Verlustvorwegnahme) [vgl. §252 I Ziffer 4 HGB], die als Imparitätsprinzip bezeichnet wird [vgl. Schneider (1997b), S. 137].

[360] Auch hier existieren seitens des Gesetzgebers Vorschriften, die z.B. den Bilanzansatz von immateriellen, unentgeltlich erworbenen Vermögensgegenständen des Anlagevermögens verbieten (z.B. den Ansatz von Investitionen im Bereich der Forschung und Entwicklung) [vgl. §248 II HGB].

Mit Blick auf diese Arbeit ist von einer solchen Diskussion allerdings Abstand zu nehmen. Es muß davon ausgegangen werden, daß die Unternehmung intern Standards für die Berechnung solcher Größen gesetzt hat, die einen einheitlichen Ansatz und eine einheitliche Bewertung periodenübergreifend gewährleisten.[361]

Manager ziehen zur Entscheidungsfindung zusätzlich zu den Informationen aus dem internen Rechnungswesen auch Informationen aus externen Quellen heran.[362] Vor allem im Bereich des Data Warehouse, das als Ausgangsbasis für eine mehrdimensionale Datenanalyse dient, werden verstärkt Überlegungen zur Integration externer Daten angestellt.[363] Im Rahmen dieser Arbeit soll die Betrachtung intern bestimmbarer Größen jedoch genügen.

Bereits beim Festsetzen der Variablen sind Überlegungen anzustellen, welcher Detaillierungsgrad für die jeweiligen Kennzahlen anzustreben ist, um eine Balance zwischen betriebswirtschaftlichen und DV-technischen Restriktionen herzustellen.

Für die Beispiel AG sind folgende Annahmen getroffen worden:

- Der ROI als Spitzenkennzahl berechnet sich aus dem Produkt von Kapitalumschlagshäufigkeit und Umsatzrentabilität.

Bezeichnung [Einheit]	Return on Investment [%]
Alias	ROI
Beschreibung	Spitzenkennzahl (finanzwirtschaftliche Perspektive)
Status (Datum/Formel)	Formel
Definition (=Formel)	= Umsatzrentabilität x Kapitalumschlagshäufigkeit
Datenherkunft	Umsatzrentabilität, Kapitalumschlagshäufigkeit
Aktualisierung	dynamisch[364]

Tabelle 2: Datenblatt ROI

- Für die Berechnung der Kapitalumschlagshäufigkeit wird der Quotient aus Umsatz und investiertem Kapital benötigt, wobei die Variable Umsatz nicht weiter aufgespalten wird. Das investierte Kapital setzt sich aus den nicht detaillierter ausgewiesenen Größen Umlaufvermögen und Anlagevermögen zusammen.

---

[361] Dies entspricht der Forderung 4 des Katalogs für den Kennzahlensystem-Vergleich aus Abschnitt 2.3.4.
[362] Vgl. Mertens (1999), S. 405.
[363] Vgl. Mertens (1999), S. 405ff; Cas (1999), S. 416ff.
[364] Darunter ist das Berechnen der Variable erst beim Abfragen der Daten durch den Benutzer zu verstehen.

- Die Umsatzrentabilität errechnet sich aus dem Quotienten von Gewinn und Umsatz. Der Gewinn berechnet sich aus der Differenz der nicht weiter aufzuspaltenden Größen Deckungsbeitrag und fixe Kosten.

Bezeichnung [Einheit]	Kapitalumschlagshäufigkeit [ohne Einheit]	Umsatzrentabilität [%]
Alias	KUH	UR
Beschreibung	Häufigkeit des Umschlags des investierten Kapitals im Umsatzprozeß	Gewinnmarge aus dem Umsatz
Status (Datum/Formel)	Formel	Formel
Definition (=Formel)	= Umsatz / investiertes Kapital	= (Gewinn / Umsatz) * 100
Datenherkunft	Umsatz, investiertes Kapital	Gewinn, Umsatz
Aktualisierung	dynamisch	dynamisch

Tabelle 3: Datenblatt Kapitalumschlagshäufigkeit und Umsatzrentabilität

Bezeichnung [Einheit]	Gewinn [EURO]	Investiertes Kapital [EURO]
Alias	G	IK
Beschreibung	intern definierter Gewinn	intern definiertes investiertes Kapital
Status (Datum/Formel)	Formel	Formel
Definition (=Formel)	=Deckungsbeitrag-fixe Kosten	= Umlaufvermögen+Anlagevermögen
Datenherkunft	Deckungsbeitrag, fixe Kosten	Umlaufvermögen, Anlagevermögen
Aktualisierung	dynamisch	dynamisch

Tabelle 4: Datenblatt Gewinn und Investiertes Kapital

Bezeichnung [Einheit]	Umsatz [EURO]	Deckungsbeitrag [EURO]	Fixe Kosten [EURO]
Alias	U	DB	Kf
Beschreibung	Summe der verkauften, mit ihren Verkaufspreisen bewerteten Leistungen	Überschuß der Einzelerlöse über die Einzelkosten	Kosten, die in der jeweiligen Betrachtungsperiode nicht geändert werden können
Status (Datum/Formel)	Datum	Datum	Datum
Definition (=Formel)	-	-	-
Datenherkunft	internes ReWe	internes ReWe	internes ReWe
Aktualisierung	monatlich	monatlich	monatlich

internes ReWe = internes Rechnungswesen

Tabelle 5: Datenblatt Umsatz, Deckungsbeitrag und fixe Kosten

Bezeichnung [Einheit]	Anlagevermögen [EURO]	Umlaufvermögen [EURO]
Alias	AV	UV
Beschreibung	Teile des Vermögens einer Unternehmung, die nicht zur Veräußerung bestimmt sind	Vermögensgegenstände, die nicht dazu bestimmt sind, dauernd dem Geschäftsbetrieb zu dienen
Status (Datum/Formel)	Datum	Datum
Definition (=Formel)	-	-
Datenherkunft	internes ReWe	internes ReWe
Aktualisierung	monatlich	monatlich

internes ReWe = internes Rechnungswesen

Tabelle 6:   Datenblatt Anlage- und Umlaufvermögen

4.1.2 Kundenperspektive

Die Zufriedenheit der Kunden stellt die Quelle des Erfolgs der Unternehmung dar und drückt sich letztendlich in den Zahlen der finanzwirtschaftlichen Perspektive aus.[365] Es gilt folglich, möglichst genau auf die Kundenpräferenzen zugeschnittene Angebote zu kreieren, deren Nutzen für diese von solchem Wert ist, daß sie bereit sind, entsprechende Preise zu zahlen.[366] Die Beispiel AG hat sich das Ziel gesetzt, die Kundenzufriedenheit durch eine stetige Qualitätsverbesserung der Produkte zu erhöhen. Dadurch will sie als Anbieter qualitativ hochwertiger Autos und Originalersatzteile gelten und entsprechende Preisforderungen am Markt durchsetzen, was sich wiederum positiv auf die Rentabilität auswirken soll.

Die Kundenzufriedenheit soll anhand der Anzahl der Beschwerden über mangelnde Produktqualität pro 1000 Stück abgesetzter Autos bzw. Ersatzteile gemessen werden.

Inwieweit sich interne Verbesserungsmaßnahmen in der Produktion positiv auf den Umsatz in den jeweiligen Kundensegmenten auswirken, wird anhand des Umsatzes pro Kunde überprüft.

Dazu werden weiterhin folgende Größen benötigt:

- Für die Berechnung der Beschwerdequote ist die Anzahl der Beschwerden und die abgesetzte Menge an Autos und Ersatzteilen notwendig.

- Der Umsatz pro Kunde berechnet sich aus dem schon in der finanzwirtschaftlichen Perspektive zugrunde gelegten Umsatz, der zu der Anzahl der Kunden in Beziehung gesetzt wird.

---

[365] Vgl. Kaplan/Norton (1997), S. 62.
[366] Vgl. Kaplan/Norton (1997), S. 63; Olve/Roy/Wetter (1999), S. 61.

Bezeichnung [Einheit]	Beschwerdequote [‰]	Umsatz pro Kunde [EURO]
Alias	BQ	UK
Beschreibung	Beschwerdeanzahl auf 1000 Stück abgesetzter Autos bzw. Ersatzteile	durchschnittlicher Umsatz pro Kunde
Status (Da-	Formel	Formel
Definition (=Formel)	= (Beschwerden/Absatz) * 1000	= Umsatz / Kundenanzahl
Datenherkunft	Beschwerden, Absatz	Umsatz
Aktualisierung	dynamisch	dynamisch

Tabelle 7:   Datenblatt Beschwerdequote und Umsatz pro Kunde

Bezeichnung [Einheit]	Beschwerden [Stück]	Kundenanzahl [Stück]	Absatz [Stück]
Alias	B	KA	A
Beschreibung	Beschwerden schriftlicher, telefonischer, elektronischer und anderer Art	Anzahl der Kunden	abgesetzte Menge an Autos bzw. Ersatzteilen
Status (Da-	Datum	Datum	
Definition (=Formel)	-	-	
Datenherkunft	Vertriebsabteilung	Vertriebsabteilung	
Aktualisierung	monatlich	monatlich	

internes ReWe = internes Rechnungswesen

Tabelle 8:   Datenblatt Beschwerden, Kundenanzahl und Absatz

4.1.3 Interne Perspektive

Anhand der internen Perspektive sollen (Produktions-)Prozesse identifiziert werden, die zur Erreichung der Ziele von Kunden und Anteilseignern besonders kritisch sind.[367]

In der Beispiel AG trägt die Qualität der Produkte in entscheidendem Maße zur Kundenzufriedenheit bei, die wiederum entscheidend für die Erreichung des Rentabilitätszieles ist. Deshalb sollen im Rahmen der Qualitätssicherung Verbesserungsmaßnahmen angestrebt werden. Die Überprüfung findet anhand von zwei Kennzahlen statt. Dies ist zum einen die parts per million-Fehlerquote (ppm-Fehlerquote) und zum anderen die Stichprobenquote. Damit kann überprüft werden, wie sich einzelne Maßnahmen zur Verbesserung der Prozeßqualität auf die tatsächlichen Produkteigenschaften auswirken.

Folgende Variablen werden dazu benötigt:

---

[367] Vgl. Kaplan/Norton (1997), S. 25 und 89; Olve/Roy/Wetter (1999), S. 62-63.

- Für die Berechnung der ppm-Fehlerquote muß auf die Anzahl der fehlerhaften Teile und der abgesetzten Teile zurückgegriffen werden.

- Die Anzahl der Teile unter Stichprobenkontrolle und wiederum die schon oben bestimmte Menge der abgesetzten Teile sind für die zweite Kennzahl, die Stichprobenquote, zu identifizieren.

Für die Daten der Variable Absatz wird auf die Tabelle 8 verwiesen.

Bezeichnung [Einheit]	*Parts per million-Fehlerquote [Stück pro 1 Mio. abgesetzter Teile]*	*Stichprobenquote [%]*
Alias	ppm_FQ	SQ
Beschreibung	Anzahl der Teile, die aufgrund von Fehlern in die Nachbearbeitung müssen oder nicht mehr verwendbar sind	Anzahl der unter Stichprobenkontrolle befindlichen Teile in Prozent der Absatzmenge
Status (Da-	Formel	Formel
Definition (=Formel)	$= (Fehlerhafte\ Teile/\ Absatz) * 10^6$	$= (Stichprobenteile/\ Absatz) * 100$
Datenherkunft	fehlerhafte Teile, Absatz	Stichprobenteile , Absatz
Aktualisierung	dynamisch	dynamisch

Tabelle 9: Datenblatt ppm-Fehlerquote und Stichprobenquote

Bezeichnung [Einheit]	*Fehlerhafte Teile [Stück]*	*Stichprobenteile [Stück]*
Alias	FT	SpT
Beschreibung	Teile, welche die Qualitätskontrolle nicht passieren.	Anzahl der Teile, die zur Stichprobenkontrolle herangezogen wurden.
Status (Da-	Datum	Datum
Definition (=Formel)	-	-
Datenherkunft	Produktionsabteilung	Produktionsabteilung
Aktualisierung	monatlich	monatlich

Tabelle 10: Datenblatt fehlerhafte Teile und Stichprobenteile

4.1.4 Innovations- und Wissensperspektive

Mit heutiger Technologie ist es nahezu unmöglich, interne Prozesse einmalig so abzustimmen, daß auch in Zukunft optimale Ergebnisse in bezug auf die Zufriedenheit der Kunden und Anteilseigner erreicht werden können.[368] Daher muß eine Infrastruktur geschaffen werden, die eine ständige Weiterentwicklung der notwendigen Potentiale gewährleistet.[369]

---

[368] Vgl. Kaplan/Norton (1997), S. 27; Olve/Roy/Wetter (1999), S. 65.
[369] Vgl. Kaplan/Norton (1997), S. 121.

Ein wichtiges Potential stellen die Mitarbeiter des Unternehmens dar. Die Beispiel AG hat sich deshalb vorgenommen, die Qualität der Produkte und unternehmensinternen Prozesse u.a. dadurch zu erhöhen, daß sie die Mitarbeiter der jeweiligen Abteilungen motiviert, Verbesserungsvorschläge einzureichen, um qualitativ hochwertige Vorschläge in den „Produktionsprozeß" einfließen zu lassen. Die eingereichten und umgesetzten Vorschläge sollen dabei erfaßt werden, um daraus die Umsetzungsquote berechnen zu können. Durch das zusätzliche Aufnehmen der Anzahl der Mitarbeiter können die umgesetzten Vorschläge pro Mitarbeiter berechnet werden. Dadurch ist es ggf. möglich, festzustellen, welche Anreizmaßnahmen sich zur Beteiligung am Qualitätsverbesserungsprogramm besonders positiv auf die Motivation der Mitarbeiter auswirken.

Die hier zu bestimmenden Größen sind

- die Anzahl der eingereichten und umgesetzten Vorschläge und die Zahl der Mitarbeiter.

Bezeichnung [Einheit]	Umsetzungsquote [%]	Umsetzungsquote (Mitarbeiter) [%]
Alias	Uq	UqM
Beschreibung	Anzahl der umgesetzten Vorschläge bezogen auf die Anzahl der eingereichten Vorschläge.	Anzahl der umgesetzten Vorschläge pro Mitarbeiter in % der eingereichten Vorschläge.
Status (Da-	Formel	Formel
Definition (=Formel)	= umgesetzte Vorschläge / eingereichte Vorschläge	= umgesetzte Vorschläge / Anzahl der Mitarbeiter
Datenherkunft	umgesetzte Vorschläge, eingereichte Vorschläge	umgesetzte Vorschläge, Anzahl der Mitarbeiter
Aktualisierung	dynamisch	dynamisch

Tabelle 11:   Datenblatt Umsetzungsquote und Umsetzungsquote (Mitarbeiter)

Bezeichnung [Einheit]	Eingereichte Vorschläge [Stück]	Umgesetzte Vorschläge [Stück]	Anzahl der Mitarbeiter [Stück]
Alias	eV	uV	MAB
Beschreibung	Anzahl der eingereichten Vorschläge	Anzahl der umgesetzten Vorschläge	durchschnittliche Anzahl der Mitarbeiter der betrachteten Periode
Status (Da-	Datum	Datum	Datum
Definition (=Formel)	-	-	-
Datenherkunft	Unternehmenszentrale	Unternehmenszentrale	einzelne Abeilungen der Unternehmung
Aktualisierung	monatlich	monatlich	monatlich

Tabelle 12:   Datenblatt eingereichte Vorschläge, umgesetzte Vorschläge, Anzahl der Mitarbeiter

Nach der Festlegung der einzelnen Variablen des betriebswirtschaftlichen Problembereichs kann nun die Bestimmung der Dimensionen mit deren Dimensionsattributen folgen, die letztendlich die Hierarchien vorgeben.

4.2 Dimensionen, Dimensionspositionen und Hierarchien

Dimensionen, Dimensionspositionen und die sich daraus ergebenden möglichen Hierarchien sind statische Konstrukte eines Datenmodells und wurden in den Abschnitten 3.2.2.2 bis 3.2.2.4 aus theoretischer Sicht behandelt. Im folgenden steht die praktische Anwendung im Vordergrund.

4.2.1 Dimensionen

Nach der Identifikation der betriebswirtschaftlichen Variablen erfolgt die Festsetzung der relevanten Dimensionen, die zur Betrachtung der Variablen benötigt werden.

Bei der Festlegung der jeweiligen Kennzahlendimension muß beachtet werden, daß für die einzelnen Perspektiven der Balanced Scorecard unterschiedlichste Kennzahlen zur Anwendung kommen. Außerdem eignen sich für einzelne Perspektiven Dimensionen, die für eine andere außer acht gelassen werden können. Es bietet sich demnach an, für jede Perspektive der Balanced Scorecard einen eigenen Datenwürfel zu entwerfen.

4.2.1.1 Finanzwirtschaftliche Perspektive

Es wird zunächst von den in Abschnitt 3.2.2.2 vorgestellten Standarddimensionen ausgegangen. Dabei handelt es sich um die Dimensionen:

* Zeit

* Ausprägung

* Kennzahlen

Die Zeitdimension als Standarddimension erlaubt die Analyse von Werten über eine Anzahl von Perioden hinweg, wohingegen die Dimension Ausprägung für ansonsten analog bestimmte Variablen unterschiedliche Werte in Form von Ist- oder Sollgrößen aufnimmt und damit eine Abweichungsanalyse ermöglicht. Die Kennzahlendimension dient der Verknüpfung der einzelnen Kennzahlen zu einem Kennzahlensystem und beinhaltet die verschiedenen Variablen.

Für die Beispiel AG ist es weiterhin interessant, die unterschiedlichen Produkte separat analysieren zu können und die einzelnen Verkaufsregionen einer näheren Betrachtung zu unterziehen; gleiches gilt für die Kundensegmente.

4.2.1.2 Kundenperspektive

Für die Kundenperspektive sollen im Zusammenhang mit der Beispiel AG die gleichen Dimensionen von Relevanz sein, wie bei der finanzwirtschaftlichen Perspektive. Allerdings wird aufgrund einer kleineren Anzahl von Variablen auch ein kleinerer Datenwürfel zu erwarten sein.

4.2.1.3 Interne Perspektive

Im Rahmen der internen Perspektive spielen die Dimensionen Verkaufsregionen und Kundensegmente keine Rolle, da hierbei unternehmensinterne Prozesse im Mittelpunkt des Interesses stehen. Es wird damit zusätzlich die Annahme getroffen, daß die Beispiel AG nur ein Werk besitzt, dessen Prozesse es zu optimieren gilt und somit keine neue Dimension Werke notwendig ist. Die drei Standarddimensionen bleiben ebenso bestehen wie die Dimension Produkte.

4.2.1.4 Innovations- und Wissensperspektive

Um die Kennzahlen der Innovations- und Wissensperspektive analysieren zu können, ist eine neue Dimension Mitarbeiter einzuführen. Auf die Szenario-Dimension wird an dieser Stelle verzichtet, da das Vorgeben von Sollzahlen für Mitarbeitervorschläge zu Verbesserungen, und deren Vergleich mit Istzahlen, höchst bedenklich erscheint. Ein Zeitvergleich sollte dagegen ohne weiteres möglich sein, ebenso die Berechnung der Kennzahlen. Bei einer Unternehmung mit einer günstigeren Relation von Mitarbeitern zu Produkten als im hier betrachteten Fall, erscheint das Einbeziehen der Dimension Produkte sinnvoll, um z.B. produktspezifische Umsatzschwankungen näher analysieren zu können. Für diesen Fall wurde dies allerdings nicht nachvollzogen, da bei einer Anzahl von 21 Produkten bei teilweise nur 20 Mitarbeitern in einer Abteilung sehr viele Zellen des Würfels nicht besetzt würden. Außerdem ist zu beachten, daß ggf. eine neue (dynamische) „Produkt"-hierarchie zu erstellen ist, da Mitarbeiter aus der Finanzabteilung nicht unbedingt Verbesserungsvorschläge zu produzierten Gütern und Dienstleistungen, sondern vielmehr internen Prozessen haben könnten.

Den einzelnen Dimensionen sind im folgenden die relevanten Dimensionspositionen zuzuordnen.

4.2.2 Dimensionspositionen und Hierarchien

Sind die Dimensionen festgelegt, führt eine weitergehende Konkretisierung durch die Dimensionspositionen zu der schon erwähnten Vorgabe der Konsolidierungspfade und dem Aufbau von Hierarchien.

(1) Zeit

Der für die im Abschnitt 4.1 beschriebenen Variablen festgelegte Aktualisierungszyklus ist für jede der Variablen nicht kürzer als einen Monat. In diesem Fall soll deshalb die Dimensionsposition Monat mit ihren Ausprägungen Januar bis Dezember als detaillierteste Ebene genügen. Es muß allerdings erwähnt werden, daß eine detailliertere Einteilung nicht vom Aktualisierungszyklus abhängig gemacht werden muß. Die Monate sollen sich zu Quartalen aggregieren lassen und diese wiederum zum jeweiligen Jahr.

(2) Ausprägung (Szenario)

Diese Standarddimension besitzt in den meisten Fällen und so auch hier nur eine Dimensionsposition, welche die Ausprägungen Istwerte, Sollwerte und die Differenz zwischen beiden annimmt.

(3) Produkte

Die Produktdimension wird anhand der Produktpalette in PKW und Ersatzteile gegliedert. Die PKW sind weiter nach der Fahrzeugklasse zu unterscheiden (Ausprägungen: Kompakt-, Mittel- und Oberklasse). Die diesen Ebenen nachfolgende Generation Fahrzeugtypen beinhaltet die für diesen Fall detailliertesten Daten der Produkte. Wie schon in Abschnitt 3.2.2.4 gezeigt, ist neben der Aggregation der Fahrzeugtypen zu Fahrzeugklassen auch eine Zuordnung gemäß des Verbrennungsprinzips des Motors (Diesel, Benziner) möglich. Deshalb wird an dieser Stelle eine parallele Hierarchie verwendet, welche die einzelnen Typen einerseits den oben erwähnten Fahrzeugklassen und andererseits dem entsprechenden Verbrennungsprinzip zuordnet.

Die Ersatzteile gliedern sich nach den Fahrzeugkomponenten (Karosserie, Innenraum, Motor, Antrieb), für die wiederum die einzelnen Teiletypen (Tür, Sitz usw.) aufgeführt sind.

(4) Verkaufsregionen

Die Dimension Verkaufsregionen wird von der höchsten Granularitätsstufe ausgehend auf die geographischen Verkaufsgebiete mit den Ausprägungen Nord, Süd, Ost und West aufgeteilt, um diese wiederum in die einzelnen Bundesländer zu untergliedern.

(5) Kundensegmente

Um den Datenwürfel nicht unnötig groß werden zu lassen und beim Navigieren die notwendige Übersicht gewährleisten zu können, entschied sich die Beispiel AG, ihre Kunden nach Altersgruppen einzuteilen. Damit entsteht, wie bei der Dimension Ausprägung, eine einfache Hierarchie mit einer Baumtiefe von eins.

(6) Mitarbeiter

Um die Mitarbeiter zu klassifizieren, erweist sich eine Gliederung angelehnt an den
Funktionsbereichen der Unternehmung als sinnvoll. Beispielhaft werden an
dieser Stelle die Ausprägungen Einkauf, Produktion, Vertrieb, Marketing und Finan-
zen herausgegriffen. Eine detailliertere Sicht auf die einzelnen Funktionsbereiche
erscheint nicht sinnvoll, da sonst jeder einzelne Mitarbeiter betrachtet werden müßte.

(7) Kennzahlen

Die Darstellung der Kennzahlenhierarchie ist nicht auf alle Perspektiven der Balanced Scorecard verallgemeinert anwendbar, da die Knotenbezeichnungen, abhängig
von den betrachteten Perspektiven, variieren. Eine erneute Darstellung der Kennzahlen in Form einer Hierarchie ist an dieser Stelle nicht notwendig, da schon in Abschnitt 4.1.1 die Berechnungen der Kennzahlen, die in diesem Fall die Dimensionspositionen darstellen, detailliert beschrieben wurden.

Mit der Festlegung der Dimensionen und deren Dimensionspositionen sind somit
auch die Hierarchien zwingend bestimmt. Eine Übersicht zu den einzelnen Dimensionen mit ihren Ausprägungen findet sich für jede Balanced Scorecard-Perspektive
in Anhang A - D mit Hilfe von *Essbase* dargestellt.

4.3 Verknüpfung von Dimensionen und Kennzahlen

Nach erfolgter Festlegung der Hierarchien müssen diese mit den entsprechenden
Kennzahlen so verknüpft werden, daß Restriktionen seitens des Rechnungswesens
berücksichtigt werden. Als schwierig oder zu aufwendig gestaltet sich beispielsweise
die Bestimmung der Fixkosten für jedes Ersatzteil. Es müssen infolgedessen die
Dimensionspositionen identifiziert werden, an denen die jeweilige Kennzahl anknüpfen kann. Dies geschieht im folgenden für jede Perspektive der Balanced Scorecard
im einzelnen.

4.3.1 Finanzwirtschaftliche Perspektive

Bei der Betrachtung der in Abschnitt 4.1 festgelegten betriebswirtschaftlichen Kennzahlen für die Perspektiven der Balanced Scorecard wird deutlich, daß die finanzwirtschaftliche Perspektive die meisten Variablen beherbergt und neben der Kundenperspektive die größte Anzahl an Dimensionen aufweist (siehe Tabelle 14, S. 96). Dem-
entsprechend sind an dieser Stelle die meisten Überlegungen hinsichtlich der Verknüpfung von Kennzahlen mit Dimensionen anzustellen. Für jede Kennzahl wird im
folgenden kurz eine Begründung für deren Anknüpfungspunkte gegeben, wobei
zweckmäßig die Kennzahlen zuerst betrachtet werden, die auf der höchsten Detail-

stufe ansetzen und damit Restriktionen für die Berechnung der aus ihnen hervorge-
henden Kennzahlen setzen.

4.3.1.1 Umsatz und Deckungsbeitrag

Für diese beiden Variablen existieren von betriebswirtschaftlicher Seite die wenigsten
Einschränkungen. Sie sind im betrieblichen Rechnungswesen sehr detailliert erfaßt,
und somit können in allen Dimensionen für jede Dimensionsposition die entsprechenden Werte bestimmt und in die Datenbank übernommen werden.

4.3.1.2 Umsatzrentabilität, Gewinn und fixe Kosten

Um die Umsatzrentabilität entsprechend des DuPont-Kennzahlensystems berechnen
zu können, ist der Gewinn durch den Umsatz zu dividieren. Der Gewinn ergibt sich
wiederum, wenn die fixen Kosten vom Deckungsbeitrag subtrahiert werden. Der
Gewinn und die Umsatzrentabilität können als Kennzahlen somit erst dann berechnet werden, wenn die fixen Kosten vorliegen.

In der Dimension Ausprägung sind die fixen Kosten als Soll- und Istwerte vorhanden und setzen in der Zeit-betrachtung auf der niedrigsten Granularitätsstufe
(Monate) an. Weiterhin sind sie für jedes Bundesland (als Verkaufsregion niedrigster
Granularität) bestimmbar, aber nur für die am höchsten verdichtete Ebene der Dimension Kundensegemente, da es schwer fällt, Fixkosten auf bestimmte Altersgruppen von Käuferschichten zu verrechnen.

Der Anknüpfungspunkt in der Produkthierarchie stellt sich als etwas problematisch
heraus, wenn man die Fixkosten nicht für jeden Fahrzeug- und jeden Ersatzteiltyp
einzeln aufschlüsseln kann. Bewegt man sich den Konsolidierungspfad in Richtung
Wurzel entlang, stößt man ausgehend von den Typenbezeichnungen der PKW auf
der nächsten Ebene auf das Problem der parallelen Hierarchien. Die Fixkosten könnten einerseits auf die entsprechenden Fahrzeugklassen und andererseits auf die
Verbrennungstypen geschlüsselt werden. Aber nur eine von beiden geht in
Essbase in die Konsolidierung zu PKW ein (in diesem Fall die Fahrzeugklassen).
Somit kann auch nicht geprüft werden, ob die Berechnung für die Verbren-
nungsprinzipien stimmig ist. Das Problem wurde dadurch umgangen, daß die Fixkosten auf der nächsthöheren Granularitätsstufe anknüpfen (Produktpalette) und
somit nur für die Ausprägungen PKW (gesamt) und Ersatzteile (gesamt) sowie die
höchste Granularitätsstufe Produkte betrachtet werden können.

Gleiches gilt somit für den Gewinn und damit auch für die Umsatzrentabilität.

4.3.1.3 Umschlagshäufigkeit, investiertes Kapital, Anlagevermögen und Umlaufvermögen

Die Umschlagshäufigkeit des Kapitals wird aus dem Quotienten von Umsatz und investiertem Kapital gebildet. Der Fall des Umsatzes wurde schon in Abschnitt 4.3.1.1 geschildert. Das investierte Kapital ist auf die Summe von Anlagevermögen und Umlaufvermögen zurückzuführen. Erst, wenn die beiden letztgenannten Größen feststehen, können die übrigen berechnet werden.

Anlage- und Umlaufvermögen sind Positionen aus der Bilanz im Jahresabschluß, was nur eine jährliche Betrachtung möglich macht. Für diesen Fall wird aber angenommen, daß diese beiden Größen über das Jahr hinweg relativ konstant bleiben bzw. nicht derartigen Schwankungen unterliegen, daß ein durchschnittlicher monatlicher Ausweis unangebracht erscheinen würde. Für die übrigen Dimensionen können diese beiden Größen nur auf den Ebenen höchster Granularität betrachtet werden, da es nicht zweckmäßig erscheint, die Kapitalgrößen auf einzelne Fahrzeugtypen o. ä. aufzuschlüsseln.

Analog gilt das damit auch für die Größen Umschlagshäufigkeit und investiertes Kapital.

4.3.1.4 Return on Investment

Die finanzwirtschaftliche Spitzenkennzahl ROI als Produkt aus Umschlagshäufigkeit und Umsatzrentabilität kann nun aus den bisher berechneten Größen abgeleitet werden. Durch die verschiedenen Anknüpfungspunkte der untergeordneten Kennzahlen unterliegt die Betrachtung des ROI allerdings einigen Restriktionen, die sich in diesem Fall hauptsächlich aus den Einschränkungen der Größen Anlage- und Umlaufvermögen ergeben. Somit ist der ROI in der Zeitdimension monatlich, in der Dimension Ausprägung als Soll-, Ist- und Differenzgröße und in den übrigen Dimensionen nur auf der jeweils höchsten Granularitätsstufe analysierbar. Dieser „Nachteil" wird aber dadurch gemildert, daß die einzelnen Bausteine des ROI und damit die Ursachen für sein Zustandekommen auf detailliertere Ebenen zurückzuverfolgen sind.

4.3.2 Kundenperspektive

Die Dimensionen des Datenwürfels der Kundenperspektive sind identisch mit denen der Finanzperspektive. Allerdings existieren für diesen Fall weniger Kennzahlen.

4.3.2.1 Beschwerdequote, Absatzmenge, Anzahl der Beschwerden

Zur Bestimmung der Beschwerdequote als Gliederungszahl muß auf die Absolutzahlen Absatzmenge und Anzahl der Beschwerden zurückgegriffen werden.

Da in der Finanzperspektive der Umsatz schon für alle Dimensionen auf der niedrigsten Granularitätsstufe erfaßt wurde und sich dieser aus dem Produkt von Preis und abgesetzter Menge zusammensetzt, liegt es nahe, auch die Absatzmenge über alle Dimensionen hinweg auf dieser Ebene zu überwachen.

Die Anzahl der Beschwerden kann sehr detailliert erfaßt werden. Für die Beispiel AG wird angenommen, daß jede Beschwerde den Verkaufsregionen, den Kundensegmenten und den Produkten auf detailliertester Ebene monatlich (Dimension Zeit) zugerechnet werden kann. Zur Motivation der Mitarbeiter ist auch eine Sollvorgabe als Höchstbeschwerdeanzahl vorgesehen, die mit der tatsächlichen Anzahl verglichen wird (Dimension Ausprägung).

Infolgedessen ist die Beschwerdequote über alle Dimensionen auch schon auf der detailliertesten Ebene meßbar.

4.3.2.2 Auslieferungszeit

Die Auslieferungszeit als absolute Kennzahl verhält sich analog zu den oben betrachteten Größen Absatzmenge und Anzahl der Beschwerden.

Allerdings muß beachtet werden, daß die Darstellung auf der detailliertesten Ebene der Dimensionen Verkaufsregionen, Kundensegmente und Produkte schon als arithmetisches Mittel erfolgt, da nicht jeder einzelne Vertragsabschluß mit erfolgter Auslieferung betrachtet wird. Auch hier gibt die Beispiel AG zur stetigen Senkung der Auslieferungszeiten monatliche Sollwerte vor, um Abweichungsanalysen durchführen und Ursachen für auffällige Abweichungen bestimmen und beseitigen zu können.

4.3.3 Interne Perspektive

Der virtuelle Datenwürfel der internen Perspektive fällt deutlich kleiner aus als die bisher vorgestellten, da nur mit vier Dimensionen (Zeit, Ausprägung, Kennzahlen, Produkte) und zwei zu überwachenden Kennzahlen operiert wird.

4.3.3.1 Ppm-Fehlerquote, fehlerhafte Teile, Absatzmenge

Zur Berechnung der ppm-Fehlerquote werden die Anzahl der fehlerhaften Teile und die abgesetzte Menge benötigt.

Die Anknüpfungspunkte für die abgesetzte Menge verhalten sich analog zu denen in Abschnitt 4.3.2.1, allerdings hier nur für die Dimensionen Zeit, Ausprägung und Produkte. Die Anzahl der davon fehlerhaften Teile läßt sich auf dieselben Ebenen zurückführen.

Eine Analyse der ppm-Fehlerquote ist demzufolge auf detailliertester Ebene möglich.

4.3.3.2 Stichprobenquote, Stichprobenteile

Die für diese Gliederungszahl benötigten Größen sind die Absatzmenge, die schon im vorherigen Abschnitt beschrieben wurde, und die tatsächliche Anzahl der unter Stichprobenkontrolle befindlichen Teile (Stichprobenteile). Letztere sind für die Beispiel AG problemlos monatlich für die jeweiligen Fahrzeug- und Ersatzteiltypen erfaßbar und werden vom jeweils Verantwortlichen in Form von Sollwerten vorgegeben.

Somit ist auch die Quote der unter Stichprobenkontrolle befindlichen Teile auf detailliertester Ebene analysierbar.

4.3.4 Innovations- und Wissensperspektive

Für die Betrachtung der Kennzahlen der Innovations- und Wissensperspektive ist die kleinste Anzahl an Dimensionen (Kennzahlen, Zeit, Mitarbeiter) notwendig.

Die Anzahl der Verbesserungsvorschläge aller Mitarbeiter wird monatlich aufgenommen und in Beziehung zu den umgesetzten Vorschlägen gesetzt. Durch das zusätzliche Erfassen der Anzahl der Mitarbeiter jeder Abteilung kann eine weitere Größe, nämlich die umgesetzten Vorschläge pro Mitarbeiter berechnet werden. Die Größen stehen somit auf der jeweils detailliertesten Ebene zur Analyse bereit.

4.4 Zusammenfassung

Das vorliegende Kapitel diente der Anwendung der in Kapitel 3 erarbeiteten Vorgehensweise zur Erstellung eines mehrdimensionalen Datenmodells, wobei die ebenfalls in Kapitel 3 eingeführten Begriffe benötigt wurden.

Bevor diese Datenstrukturen in Kapitel 5 in das logische Modell des Software-Tools überführt werden, geben die folgenden beiden Tabellen je einen zusammenfassenden Überblick über die zu betrachtenden Spitzenkennzahlen und Dimensionen der einzelnen Perspektiven der Balanced Scorecard. Die anschließenden Grafiken veranschaulichen die Beziehungen zwischen den einzelnen Dimensionspositionen.

Perspektive	Kennzahl	Berechnungsvorschrift
finanzwirtschaftliche Perspektive	Return on Investment	Umschlagshäufigkeit * Umsatzrentabilität
Kundenperspektive	Beschwerdequote	(Beschwerden/Absatz) * 1000
	Umsatz pro Kunde	Umsatz/Kundenanzahl
interne Perspektive	parts per million-Fehlerquote	(Fehlerhafte Teile/ Absatz) * 10^6
	Stichprobenquote	Stichprobenteile/ Absatz
Innovations- und Wissensperspektive	Umsetzungsquote	Umgesetzte Vorschläge/ Eingereichte Vorschläge
	Umsetzungsquote pro Mitarbeiter	Umgesetzte Vorschläge/ Anzahl der Mitarbeiter

Tabelle 13:   Spitzenkennzahlen der Balanced Scorecard-Perspektiven

Tabelle 13 stellt noch einmal für jede Perspektive die verwendeten Kennzahlen mit ihren jeweiligen Berechnungsvorschriften gegenüber. Deutlich wurde bei der Auswahl dieser Kennzahlen, daß für die finanzwirtschaftliche Perspektive eine große Anzahl von Kennzahlen in der Literatur existiert, die für Rentabilitäts- und Wertsteigerungsmessungen angewandt werden können, da diese Art von Kennzahlen schon einer längeren Verwendung unterliegen. Die Kennzahlen der anderen Perspektiven sind oft mit bedeutend höherem Aufwand festzulegen und zu ermitteln, da sie vor allem für die Kundenperspektive überwiegend aus externen Quellen beschafft werden müssen oder für die interne und die Innovations- und Wissensperpektive nicht einfach aus dem internen Rechnungswesen entnommen werden können.

Die folgende Tabelle 14 stellt alle benötigten Dimensionen für die jeweiligen Perspektiven der Balanced Scorecard nebeneinander und gibt gleichzeitig die höchste Generationsnummer der jeweiligen Dimension an.

Perspektive / Dimension	Finanzwirtschaftliche Perspektive	Kundenperspektive	Interne Perspektive	Innovations- und Wissensperspektive
Zeit (4)	X	X	X	X
Szenario (2)	X	X	X	
Kennzahlen	X (5)	X (3)	X (3)	X (3)
Produkte (4)	X	X	X	
Verkaufsregionen (3)	X	X		
Kundensegmente (2)	X	X		
Mitarbeiter (2)				X

Tabelle 14:   Dimensionen zur Betrachtung der Balanced Scorecard

Es wird eine Abnahme der zu betrachtenden Dimensionen in Abhängigkeit von der jeweiligen Perspektive der Balanced Scorecard deutlich, die sich dadurch erklären läßt, daß sowohl für die interne als auch für die Innovations- und Wissensperspektive eine Sicht auf externe Tatbestände uninteressant ist.

Die Zusammenhänge zwischen den Dimensionen und Dimensionspositionen werden im folgenden noch einmal mit den Beschreibungsmitteln aus Abschnitt 3.2.2 verdeutlicht.

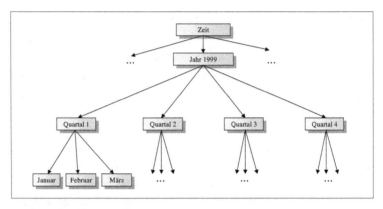

Abbildung 13: Dimension Zeit

Abbildung 13 zeigt die in Form einer einfachen Hierarchie dargestellte Dimension Zeit mit ihren Dimensionspositionen Quartal und Monat mit, aus Platzgründen, beispielhaft aufgeführten Ausprägungen.

In Abbildung 14 ist die ebenfalls einfache Hierarchie Ausprägung aufgeführt. Je nach Perspektive der Balanced Scorecard und Verdichtungsgrad wird die Differenz absolut oder prozentual berechnet.

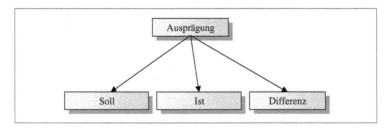

Abbildung 14: Dimension Ausprägung

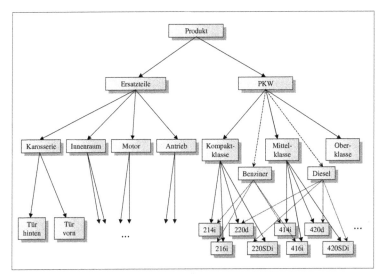

Abbildung 15:   Dimension Produkt

Die zunächst etwas verwirrend anmutende Hierarchie Produkt kann bei näherer
Betrachtung in Teilen (für die Dimensionsposition PKW) als parallele Hierarchie
identifiziert werden. Auch hier sind aus Platzgründen nur beispielhafte Ausprägungen der jeweiligen Dimensionsattribute aufgeführt.

Eine einfache Hierarchie mit einer Baumtiefe von zwei stellt die Abbildung 16 mit
der Dimension Verkaufsregionen dar.

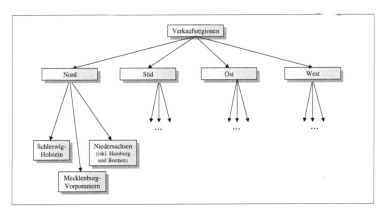

Abbildung 16:   Dimension Verkaufsregionen

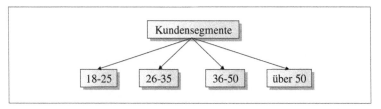

Abbildung 17: Dimension Kundensegmente

Analog der Abbildung 14 stellen auch Abbildung 17 und Abbildung 18 einfache Hierarchien mit einer Baumtiefe von eins dar.

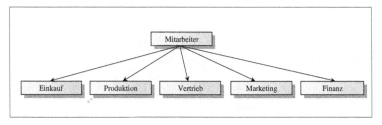

Abbildung 18: Dimension Mitarbeiter

Für die Darstellung der Kennzahlenhierarchien muß wiederum für jede Perspektive der Balanced Scorecard unterschieden werden.

Bei der Kennzahlendimension für die finanzwirtschaftliche Perspektive handelt es um eine Heterarchie. Sowohl die Variable Umsatzrentabilität als auch die Variable Kapitalumschlag(shäufigkeit) bedienen sich der Variable Umsatz. Allerdings wird diese vollständig in die Berechnung einbezogen und nicht anteilig verrechnet.

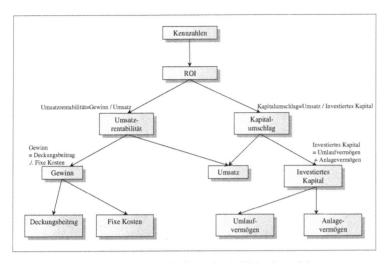

Abbildung 19:   Kennzahlendimension der finanzwirtschaftlichen Perspektive

Die Kennzahlendimension der Kundenperspektive ist dagegen eindeutig als einfache Hierarchie zu erkennen.

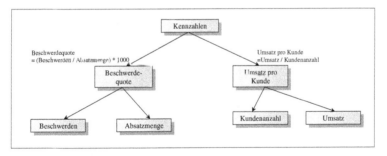

Abbildung 20:   Kennzahlendimension der Kundenperspektive

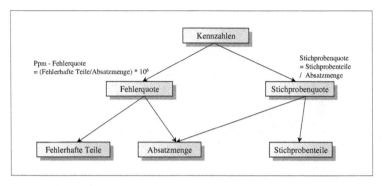

Abbildung 21:   Kennzahlendimension der internen Perspektive

Bei der Kennzahlendimension sowohl der internen Perspektive als auch der Inno-
vations- und Wissensperspektive handelt es sich gleichermaßen um eine Heterarchie,
wie bei der Kennzahlendimension der finanzwirtschaftlichen Perspektive.

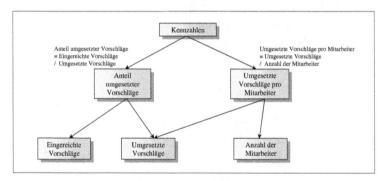

Abbildung 22:   Kennzahlendimension der Innovations- und Wissensperspektive

Mit Hilfe der angelegten Datenblätter für die einzelnen Kennzahlen und der als
wichtig erachteten Dimensionen und Dimensionspositionen wird im folgenden
Kapitel das Kennzahlensystem der Balanced Scorecard implementiert.

5 Implementierung des Datenmodells mit Hilfe von Hyperion Essbase OLAP-Server

Das in Kapitel 4 vorgestellte konzeptionelle Modell wurde in dem Werkzeug *Essbase OLAP-Server* der Firma *Hyperion Solutions Corporation* implementiert. *Essbase* stellt nicht eigens von *Hyperion* erstellte Software dar, sondern wurde von der Firma *Arbor Software* zuerst für OS/2 und später auch für Windows NT und UNIX-Systeme entwickelt.[370] Durch die Übernahme von *Hyperion Software* durch *Arbor Software* entstand die neue Gesellschaft *Hyperion Solutions*, die im Bereich der OLAP-Anwendungen mit einem Marktanteil von 28,7% vor Oracle (17,0%) und Cognos (9,6%) führend ist.[371]

Die folgenden Abschnitte dienen einer überblicksartigen Vorstellung der für diese Arbeit relevanten Komponenten des Systems (Abschnitt 5.1) und deren Benutzungsoberflächen (Abschnitt 5.2). Anschließend (Abschnitt 5.3) wird überprüft, inwieweit die in Kapitel 3.2.2 vorgestellten Hierarchien in *Essbase* dargestellt werden können und ob sich die in Kapitel 3.2.3 angesprochenen Operationen anwenden lassen. Die darauffolgenden Abschnitte dienen der Thematisierung von Problemen und Lösungen bei der Implementierung (Abschnitt 5.4) sowie den Möglichkeiten und Grenzen, die dem Endanwender mit *Essbase* gesetzt sind (Abschnitt 5.5). Mit einer kritischen Bewertung des Werkzeuges in Abschnitt 5.6 wird dieses Kapitel beendet.

5.1 Komponenten

Essbase wird auf einer CD-ROM ausgeliefert und beinhaltet folgende Komponenten:

- Hyperion Essbase OLAP Server
- Hyperion Essbase Application Manager
- Hyperion Essbase Spreadsheet Add-in
- Mögliche Erweiterungen

Der *OLAP Server* verkörpert die eigentliche mehrdimensionale Datenbank. Er verwaltet das Datenmodell, die Daten selbst und ist für die Kalkulation des Datenwür-

---

[370] Vgl. Varhol (1995), S. 58.
[371] Vgl. Pendse (1999c), Abschnitt „Total worldwide OLAP market shares".

fels und die Datenkonsistenz zuständig.[372] Die Serveranwendung wurde für diese Arbeit auf einem Rechner mit dem Betriebssystem Windows NT 4.0 installiert.

Der *Application Manager* stellt die Administrations-Schnittstelle dar. Es handelt sich hierbei um eine grafische Benutzungsoberfläche für die Serververwaltung, mit deren Hilfe Datenmodelle erstellt, Daten in die Datenbank eingespielt, Berechnungen ausgeführt und Benutzerrechte vergeben werden können.[373] Die Installation erfolgte auf einem Windows 95-Client.

Das *Spreadsheet Add-in* bildet die Benutzungsoberfläche für den Endbenutzer und läßt sich nahtlos in die Standard-Tabellenkalkulationsprogramme *Microsoft Excel* und *Lotus 1-2-3* integrieren. *Essbase* stellt mit diesem *Add-in* ein zusätzliches Menü und eine weitere Symbolleiste zur Verfügung und erlaubt damit Operationen auf dem Datenbestand (wie z.B. slice&dice, zoom in/out). Die Standard-Funktionalitäten des Tabellenkalkulationsprogrammes bleiben dabei erhalten und können weiter genutzt werden.

Zusätzlich erhältliche Erweiterungen stellen weitere nützliche Features bereit. Ein Tool namens *Currency Conversion* dient der Konvertierung verschiedener Währungen im Datenbestand in eine gemeinsame Analysewährung. Mit Hilfe des *SQL-Interface* kann eine große Anzahl verschiedener relationaler Datenquellen eingebunden werden und durch das sog. *Drill-through* Modul werden beim Drill-down „Datendurchgriffe" auf operative Datenbanksysteme ermöglicht, die im Zweifel aktuellere und detailliertere Daten zur Verfügung stellen.[374] Mit Unterstützung eines *Partitioning-Tools* ist das Aufteilen des Datenbestandes über mehrere Server sowie die Anbindung an andere Datenbanken möglich. Um das Anbinden anderer OLAP-Tools bzw. eigener Programme zu gewährleisten, stellt *Essbase* Anwendungsprogramm-Schnittstellen (APIs, engl.: application programming interface) für mehr als 30 Front-End Tools anderer Hersteller bereit.[375]

Die für diese Arbeit genutzten Benutzerschnittstellen werden im folgenden kurz vorgestellt.

5.2 Benutzungsoberfläche

Will man die Benutzungsoberfläche von *Essbase* näher analysieren, muß dies von zwei Seiten geschehen, einerseits aus der Sicht des Datenbankadministrators bzw. Systemprogrammierers und andererseits aus der Perspektive des Entscheiders als

---

[372] Vgl. Hyperion Essbase (1999a), S. 1-1.
[373] Vgl. Hyperion Essbase (1999a), S. 1-1.
[374] Vgl. Hyperion Essbase (1999a), S. 1-2; Schinzer/Bange/Wehner/Zeile (1997), S. 179.
[375] Vgl. Hyperion Software Corporation (1998), S. 14.

Endbenutzer. Die Benutzungsoberfläche für den Datenbankadministrator bildet der *Application Manager*, die für den Endbenutzer das *Spreadsheet Add-in*. Im folgenden werden beide Komponenten kurz vorgestellt.

5.2.1 Application Manager

Wie weiter oben schon angedeutet, stellt der *Application Manager* die Verwaltungszentrale dar, welche es dem Datenbankadministrator erlaubt, Datenmodelle zu erstellen und zu warten, Benutzerrechte zu verteilen, Daten in die Datenbank einzuspeisen, Berechnungsvorschriften zu erzeugen usw.

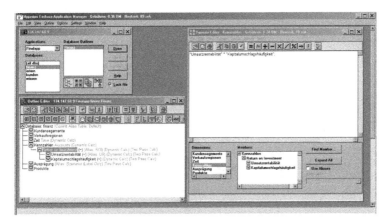

Abbildung 23:   Application Manager

Für die Implementierung des Datenmodells, steht der *Outline Editor* (Abbildung 23, links unten) zur Verfügung, mit dessen Hilfe sich die vorab erstellten konzeptionellen Datenmodelle in *Essbase* abbilden lassen. Einmal entworfene Hierarchien können einfach per drag&drop geändert werden, wobei die Daten-Programm-Unabhängigkeit jederzeit gewährleistet bleibt.

Sollen auf dem Konsolidierungspfad Operationen angewandt werden, die nicht der standardmäßig vorgegebenen Addition entsprechen, erlaubt ein *Formeleditor* (Abbildung 23, rechts) dem Benutzer, andere Grundrechenarten oder auch komplexere Formeln zu hinterlegen.

Sowohl der *Formel Editor* als auch der *Outline Editor* bieten eine Syntax-Überprüfung, die sowohl die Richtigkeit der Formeln als auch des Datenmodells sicherstellt.

Das Anlegen, Öffnen und Berechnen einer Datenbank erfolgt über das *Application Desktop Window* in Verbindung mit einigen Menüs, welche u.a. die Benutzerverwaltung und generelle Datenbank-Einstellungen enthalten (Abbildung 23, links oben).

Eine umfangreiche Dokumentation hilft außerdem bei der Einarbeitung und erklärt alle Konzepte sehr detailliert.

5.2.2 Microsoft Excel Spreadsheet Add-in

Das *Add-in* wird von einigen Autoren und Testern zwar skeptisch beurteilt,[376] hat aber gerade durch die Integration in eine weitverbreitete Standardanwendung den Vorteil, schnell erlernbar zu sein, da es sich an deren Funktionalität orientiert, diese nutzt und zusätzliche bereitstellt.

Essbase selbst bietet ein *Add-in* für *Microsoft Excel* bzw. *Lotus 1-2-3* an, unterhält darüber hinaus aber Partnerschaften mit diversen anderen Herstellern, die umfangreichere Tools als Front-End an die Datenbank anbinden.[377] Wie schon in Abschnitt 5.1 angesprochen, stellt das *Add-in* ein Menü und eine Symbolleiste zur Verfügung, welche die zusätzlichen Funktionen bereithalten. Sonst präsentiert sich *Excel* in gewohnter Art und Weise (siehe dazu Abbildung 24).

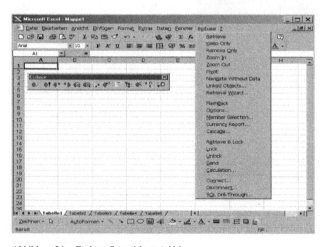

Abbildung 24:   Essbase Spreadsheet Add-in

Mit Unterstützung dieser Hilfsmittel und Standardfunktionalitäten wie Drag&Drop wird es dem Nutzer ermöglicht, intuitiv durch die Datenbestände zu navigieren.

---

[376] So bescheinigt beispielsweise Raden dem *Add-in* „a terrible look and feel" [Raden (1996), S. 223]. Auch *Schinzer et al.* weisen darauf hin, daß für weitergehende Funktionalität und höhere Benutzerfreundlichkeit ein zusätzliches Front-End in Erwägung zu ziehen sei [vgl. Schinzer/Bange/Wehner/Zeile (1997), S. 178].

[377] Vgl. Pendse (1999b), Abschnitt „Total worldwide OLAP market shares"; Schinzer/ Bange/Wehner/Zeile (1997), S. 177-179.

Komplexe Abfragen können durch den bereitstehenden *Retrieval Wizard* ausgeführt werden. Dadurch entfällt unter Umständen das z.T. sehr langwierige slice&dice mit anschließendem Ausblenden unerwünschter Dimensionsattribute, denn es werden von Anfang an nur die Dimensionspositionen angezeigt, die direkt angegeben wurden oder die Abfragekriterien erfüllen. Für Nutzer, die mit den Dimensionen und Dimensionspositionen der jeweiligen Datenbank schon vertraut sind, besteht anstelle des Navigierens entlang der Konsolidierungspfade die Möglichkeit, die gewünschten Dimensionsattribute direkt per Hand in das leere Tabellenblatt einzugeben, um nur die dazugehörigen Daten zu erhalten.

Alle mit Hilfe von *Essbase* erzeugten Tabellenblätter können als herkömmliche Excel-Dateien abgespeichert werden. Beim nächsten Öffnen der Datei und Aufnahme der Verbindung mit dem Server entfallen somit zeitaufwendige slice&dice-Operationen und das Tabellenblatt wird auf Knopfdruck aktualisiert.

Um eine Navigation im schnell unübersichtlich werdenden Tabellenblatt zu erleichtern, erlaubt *Essbase*, Dimensionen durch Zellformatierungen voneinander abzuheben. Es besteht aber leider keine Möglichkeit, auch die Variablen durch spezielle Formatierungen zu kennzeichnen. Somit erfolgt an dieser Stelle eine Beschränkung auf die von Excel bereitgestellten Text- und Zellformatierungen, die aber bei slice&dice-Operationen verlorengehen.

Weiterhin besteht die Möglichkeit, zusätzliche Informationen über Variablen bestimmter Dimensionspositions-Kombinationen zu hinterlegen und diese bei Bedarf abzurufen. Dafür bietet Essbase drei verschiedene Varianten an. So kann auf eine Notiz (Cell Note), eine beliebige Datei (Linked File) oder eine Webadresse (mit Hilfe einer URL) verwiesen werden, die z.B. das Zustandekommen der bestimmten Variablen näher erläutern.[378]

Die vorhandene Dokumentation erklärt auch hier alle Details sehr ausführlich im Rahmen zweier Tutorials.

5.3 Datenmodell in Essbase

Im dritten Kapitel dieser Arbeit wurde u.a. der Begriff des mehrdimensionalen Datenmodells aufgegriffen und erläutert. Unter den mehrdimensionalen Datenmodellen fanden sich zum einen solche, welche die Multidimensionalität mittels relationaler Strukturen darstellten und jene, die sich mehrdimensionaler Datenstrukturen und damit des Konzepts des virtuellen Datenwürfels bedienten. *Essbase* zählt zu den mehrdimensionalen OLAP-Datenbanksystemen und ist ein Vertreter der Hypercube-

---

[378] Vgl. Hyperion Essbase (1999b), S. 13ff. und 99ff.

Technologie. Die Konstrukte eines solchen Datenmodells wurden in Kapitel 3 ebenso eingeführt wie darauf möglichen Operationen. Die Abbildung dieser Konstrukte im *Application Manager* sowie die Durchführbarkeit der Operationen auf den Datenbeständen im *Excel Add-in* werden im folgenden gezeigt.

5.3.1 Statische Strukturen

Dimensionen, Dimensionspositionen und daraus erwachsende Hierarchien verkörpern statische Konstrukte eines (mehrdimensionalen) Datenmodells und werden im *Outline Editor* erstellt. *Essbase* verwendet zur Visualisierung dieser Konstrukte eigene Elemente, die im folgenden durch Bildschirmausschnitte an entsprechenden Stellen vorgestellt werden. Inwieweit *Essbase* die Abbildung der in Abschnitt 3.2.2.4 vorgestellten Hierarchiearten zuläßt, wird im folgenden skizziert.

5.3.1.1 Einfache Hierarchien

Einfache Hierarchien zeichnen sich dadurch aus, daß der kürzeste Weg von der Wurzel bis zum Blatt für jeden Blattknoten die gleiche Länge hat, der Baum also tiefenkonstant ist. In Abbildung 25 ist ein Beispiel der Zeitdimension visualisiert, die im Normalfall als tiefenkonstanter Graph anzutreffen ist.

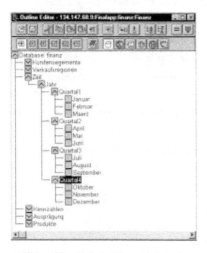

Abbildung 25:   Einfache Hierarchie in Essbase

5.3.1.2 Hierarchien mit variierender Pfadlänge

Analog zu den einfachen Hierarchien können ebenso Hierarchien mit unterschiedlicher Pfadlänge – also nicht tiefenkonstante Graphen – in *Essbase* dargestellt werden. Dies geschieht durch das Anhängen weiterer Knoten an den dafür geeigneten Stellen.

Ein häufiges genanntes Beispiel dafür ist die Produktdimension, deren Staffelungstiefe für bestimmte Produktkategorien unterschiedlich ausfallen kann.

5.3.1.3 Parallele Hierarchien

Da die grafische Notation in *Essbase* von der in Abbildung 7 verwendeten Notation abweicht, sind auch parallele Hierarchien in anderer Form abgebildet. Ein Beispiel dafür zeigt Abbildung 26 für die Dimension Produkte, deren atomare Werte einerseits den Fahrzeugklassen und andererseits den jeweiligen Verbrennungstypen zugerechnet werden können. Um Mehrfachberechnungen auszuschließen, müssen in einer der beiden (Sub-)Hierarchien die jeweiligen Fahrzeugtypen als „Shared Member" gekennzeichnet werden. Sie bilden somit eine Referenz auf das „Original", das für die Kalkulation zugrunde gelegt wird.

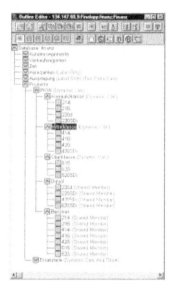

Abbildung 26:   Parallele Hierarchie in Essbase

5.3.1.4 Heterarchien

Das Problem der anteiligen Verrechnung ist mit gleichen Mitteln gelöst, wie das der parallelen Hierarchien. Wird ein Knoten in mehreren Vorgängerknoten zur Berechnung benötigt, muß ein Knoten mit gleichem Namen als „Shared Member" deklariert werden, um letztendlich in der Berechnungsvorschrift des aggregierten Knotens nur anteilig (z.B. mit einem Gewichtungsfaktor von 0.5) erfaßt zu werden.

5.3.1.5 Kennzahlenhierarchien

Für die Abbildung von Kennzahlenhierarchien stellt *Essbase* einen eigenen Dimensionstypen bereit. Grundsätzlich sind hinsichtlich der Berechnung von Kennzahlen keine Einschränkungen vorhanden. Es kann für jede Kennzahl direkt eine Berechnungsvorschrift angegeben werden, die von der Standardaggregation (also Addition der Werte) abweicht. In Abbildung 27 ist das z.B. für den *Return on Investment* zu sehen, der sich aus der Umschlagshäufigkeit multipliziert mit der Umsatzrentabilität berechnen läßt.

Abbildung 27:   Kennzahlenhierarchie in Essbase

5.3.1.6 Zusammenfassung

Die letzten Abschnitte haben gezeigt, daß *Essbase* bezüglich des Umfangs der angebotenen Hierarchiearten in der Lage ist, alle in Abschnitt 3.2.2.4 vorgestellten Hierarchiearten abzubilden.

In Abschnitt 3.4.3.1 wurde festgestellt, daß einerseits relativ statische Dimensionsstrukturen existieren, die sich im Laufe der Zeit kaum ändern (z.B. in der Dimension Zeit) und andererseits solche, die aufgrund des dynamischen Umfeldes der Unternehmung ständigen Änderungen unterliegen (z.B. in der Dimension Produkte). Wird der OLAP-Server nicht wie in diesem Fall nur über Textdateien mit Daten versorgt, sondern mit Data Warehouse-Datenbanken verbunden, ist es möglich, sich schnell ändernde Dimensionen beim Datenimport dynamisch anzulegen bzw. abzuändern.[379] Damit kommt *Essbase* der Forderung nach Flexibilität nach und erleichtert die Anpassung an das jeweilige Unternehmensumfeld dramatisch.

---

[379] Zum Aufbau dieser Dimensionen werden die Generations- und Levelattribute verwendet, die dann die genaue Position des Dimensionsattributes in der jeweiligen Dimension angeben [vgl. dazu Hyperion Essbase (1999a), S. 12-1ff., 13-1ff und 19-1ff.].

5.3.2 Dynamische Elemente

Neben einem reichen Repertoire an Hierarchiearten sind mit einem Datenmodell außerdem Operationen zur Verfügung zu stellen, die eine effiziente Navigation durch die Datenbestände erlauben. *Essbase* bietet hierzu die gesamte Bandbreite der in Abschnitt 3.2.3 vorgestellten Manipulations- und Ansichtsfunktionen an, die über ein zusätzliches Menü bzw. über Mausaktionen gesteuert werden.

Das Navigieren entlang der Konsolidierungspfade erfolgt durch einfachen Doppelklick auf das entsprechende Dimensionattribut. Je nach Betätigen der linken oder rechten Maustaste erfolgt ein Drill-down oder ein Roll-up. Das diesbezügliche Verhalten der Anwendung kann durch das Vornehmen optionaler Einstellungen beeinflußt werden.[380]

Das Pivotisieren, also das Drehen des Würfels, erfolgt intuitiv über Mausaktionen oder einen Menüpunkt. So können die entsprechenden Dimensionen durch Ziehen mit der Maus an den gewünschten Stellen positioniert werden.

Sind mehr als zwei Dimensionen vorhanden, erfolgt automatisch das sog. Nesting, so daß immer die innersten Dimensionen in die außen liegenden eingebettet werden.[381]

Ferner existieren diverse Filtermöglichkeiten für Variablen, welche den anzuzeigenden Datenwürfel dadurch verkleinern, daß nur die Dimensionspositionen berücksichtigt werden, deren Werte die Filterkriterien erfüllen. Individuell können aber auch ungewünschte Dimensionsattribute durch Markieren und Anklicken des entsprechenden Punktes in der Symbolleiste entfernt werden.

5.4 Implementierung – Probleme und Lösungen bei der Anwendung

Nach der Implementierung des Datenmodells wurden die Datenwürfel zu Testzwec??ken mit Werten gefüllt, um einen ersten Einblick in die Arbeitsweise von *Essbase* zu bekommen. Sicherlich kann dabei nur ein minimaler Teil der Probleme ausfindig gemacht werden, die dem Datenbankadministrator oder Endbenutzer beim täglichen Umgang mit den hier beschriebenen Anwendungen begegnen, jedoch sind dies u.U. genau die anfänglichen Startschwierigkeiten.

---

380 So ist es z.B. möglich, festzulegen, ob der Drill-down „Ebene für Ebene" oder direkt bis zum detailliertesten Niveau erfolgen soll.
381 Vgl. dazu die Abbildungen aus dem *Excel Spreadsheet Add-in* im Anhang.

Die Installation der Anwendung auf dem Server gestaltete sich anfänglich etwas problematisch, konnte letztendlich aber erfolgreich durchgeführt werden.[382] Die Installation der Anwendungen auf dem Client verlief dagegen problemlos.[383]

Die Implementierung des Datenmodells erfolgte ebenso ohne größere Schwierigkeiten, wobei das Handbuch durch zahlreiche Beispiele die Vorgehensweise detailliert erklärt (siehe auch Abschnitt 3.4.3.4), um dem Administrator das „Denken in Hyperwürfeln" näher zu bringen und evtl. auftretende Probleme vorwegzunehmen. Dabei bietet es sich vor allem zu Übungszwecken an, die Beispiele der Dokumentation nachzuvollziehen und analog kleine Beispielanwendungen zu erstellen.[384] Zur Erleichterung der Implementierung sind in *Essbase* schon Dimensionstypen vereinbart, die mit einem optimalen Speicherkonzept aufwarten und im Vergleich zu den Standarddimensionstypen zusätzliche Operatoren zu Verfügung stellen.[385] Durch diese in der Datenbank schon fest implementierten Dimensionen werden hinsichtlich der Performance beachtliche Leistungsvorteile erzielt.[386] Über eine Dialogbox werden dem Benutzer deshalb Hilfen angeboten, bei deren Nutzung der Datenwürfel hinsichtlich des Speicherbedarfes und der Abfragezeit effizient organisiert werden kann.[387]

Das Einspielen von Testdaten gestaltete sich ähnlich problemlos. Als Datenquelle diente für diese Zwecke eine Textdatei, die für jede erwünschte Kombination von Dimensionspositionen Werte enthielt, die mit Hilfe von Zufallszahlen erzeugt wur-

---

[382] Nach anfänglichen Schwierigkeiten wurde der Rechner einer kompletten Neuinstallation unterzogen. Als auch dies nicht zum gewünschten Erfolg führte, mußte eine amerikanische Version des Serverbetriebssystems Windows NT beschafft werden, die sich letztendlich als Lösung des Problems entpuppte. *Hyperion* stellt inzwischen aber einen entsprechenden Patch bereit.

[383] Nach einer ein- bis zweimonatigen Nutzungsphase gab es allerdings vermehrt Probleme beim Starten von *Microsoft Excel*, die zu einem erneuten Hochfahren des Rechners zwangen. Auch entsprechende Bugfixes sorgten an dieser Stelle nicht für Abhilfe. Eine – eher unelegante Lösung – bestand darin, den *Application Manager* vor dem Aufruf des *Add-ins* zu starten und diesen im Hintergrund ungenutzt laufen zu lassen. Allerdings muß darauf hingewiesen werden, daß dieses Verhalten nicht eindeutig auf Essbase zurückführbar ist. Aussagen dieser Art könnten generell nur dann getroffen werden, wenn eine Systemumgebung vorliegt, die frei von sonstiger störanfälliger Software ist. Dies war hier aber nicht der Fall.

[384] Vgl. Hyperion Essbase (1999a), S. 5-1ff und 8-1ff.

[385] Es handelt sich dabei um die zwei (in Abschnitt 3.2.2.2 beschriebenen) Standarddimensionen Zeit und Kennzahlen sowie eine Dimension des Typs Währung, die aber nur angeboten wird, wenn das optionale Paket *Currency Conversion* installiert ist.

[386] Vgl. Kenan Systems Corporation (1995), S. 22.

[387] Hierbei spielt das Problem der dünn besetzten Matrizen eine Rolle, das bei mehrdimensionalen Datenbanksystemen auf der physischen Ebene nicht triviale Fragestellungen aufwirft. Im Rahmen von Analysedaten tritt dieses Problem des nur teilweise mit Variablen besetzten Würfels v. a. dann auf, wenn für bestimmte Dimensionspositions-Kombinationen keine Werte existieren. [vgl. Kenan Systems Corporation (1995), S. 12ff.; Holthuis (1998a), S. 170ff.; Gluchowski (1996), S. 254ff].

den. *Essbase* informiert mittels Dialogbox über den Status des Datenimports und generiert bei gescheitertem Importversuch ausreichende Fehlermeldungen.

Nach erfolgreichem Einfügen der Daten kann die Berechnung entlang der Konsolidierungspfade und anhand der Formeln für die Kennzahlen erfolgen. Dadurch werden auch die mit Formeln versehenen Felder besetzt, falls das dauerhafte Speichern dieser Werte in der Datenbank gewünscht wird.

Verwunderlich ist anfänglich, daß der Datenwürfel im *Application Manager* nicht eingesehen werden kann und die Ergebnisse der Berechnung nur über das *Spreadsheet Add-in* geprüft werden können. Gerade zu Beginn empfiehlt sich eine Überprüfung der berechneten Werte, da für eine falsch durchgeführte Kalkulation oft nicht programmtechnische, sondern konzeptionelle Fehler aufgrund mangelnder Erfahrung und Vertrautheit mit dem Hypercube-Konzept verantwortlich sind.

Besonders kritisch sind Fälle, in denen Werte z.B. durch Aggregation berechnet wurden, anschließend für die Berechnung aber dahingehend Änderungen vorgenommen werden, daß eine Aggregationsebene von der Kalkulation ausgeschlossen wird. Ein erneutes Berechnen des Datenwürfels gibt diese Felder aber nicht frei, sondern beläßt die nun obsoleten Werte in der Datenbank. Eine mögliche Lösung dieses Problems besteht darin, Werte, die nur durch Berechnung zustandekommen, „on the fly" – also erst bei Abfrage durch den Benutzer – kalkulieren zu lassen und nicht in der Datenbank abzuspeichern. Dabei muß allerdings, je nach Gestaltung des Datenwürfels, ein Performance-Nachteil in Kauf genommen werden.

Zusammenfassend kann festgestellt werden, daß die Bedienung des *Application Managers* in weiten Teilen gelungen ist und damit die Implementierung des Datenmodells nicht unnötig erschwert wird. Wünschenswert wären lediglich an einigen Stellen automatisierte Abläufe, wie z.B. das selbständige Neuberechnen der Datenbank nach einer Umstrukturierung des Datenwürfels, welche die Arbeit weiter erleichtern.

5.5 Möglichkeiten und Grenzen

An dieser Stelle soll auf die in Abschnitt 3.3.2.5 angesprochenen Datenmodelltypen zurückgegriffen und deren Umsetzung in *Essbase* skizziert werden. Es handelt sich dabei um das kategorische, exegetische, kontemplative und das formelbasierte Modell, die ein unterschiedliches Maß an statischen und dynamischen Eigenschaften besitzen und dadurch andere Ausmaße an möglicher Benutzerinteraktion bedingen.

Zum Erfüllen der Eigenschaften des kategorischen Modells bedarf es an Möglichkeiten, die einen Vergleich historischer Werte erlauben. Mit Hilfe von *Essbase* ist dies ohne weiteres zu bewerkstelligen und kann durch den *Retrieval Wizard* unterstützt werden. Das Datenmodell benötigt dazu nur eine Dimension `Zeit`, welche die entsprechenden Variablen aufnimmt.

Erfüllt das Tool die Anforderungen des exegetischen Modells, sollte das Zustande-kommen aktueller Daten nachvollziehbar sein. In *Essbase* wird diese Forderung dadurch erfüllt, daß jederzeit durch drill-down-Operationen in der Zeitdimension Trends erfaßt werden können. Auch die Kennzahlendimension kann helfen, Ursa-chen für unerwartete Abweichungen aufzuspüren, indem die für die Berechnung der jeweiligen Kennzahlen herangezogenen Variablen untersucht werden. Auch hierbei unterstützt der *Retrieval Wizard* bei Bedarf den Benutzer.

Ist eine Anwendung in der Lage, sog. what-if-Analysen auszuführen und somit dem Benutzer das Ändern von Daten zu erlauben, deren Auswirkungen auf die anderen Daten berechnet werden, kann sie dem kontemplativen Modell zugeordnet werden. In dieser Hinsicht stößt *Essbase* allein an seine Grenzen. Zwar kann ein Update des Datenbestandes von der Spreadsheet-Oberfläche aus vorgenommen werden,[388] dies ruft aber eine dauerhafte Änderung der Daten hervor und dient nicht dem Zweck der what-if-Analyse, da vom Anwender nicht verlangt werden kann, sich alle Ände-rungen zu merken, um diese später wieder rückgängig zu machen. Einen möglichen Lösungsansatz zeigt die zugehörige Dokumentation, die an dieser Stelle auf Excel-Funktionalitäten verweist. So können in einem Tabellenblatt, das Daten aus der Datenbank enthält, Excel-Funktionen derart erstellt werden, daß sie exakt den Formeln zur Aggregation der gleichen Variablen in der Datenbank entsprechen. Änderungen der vorher aus der Datenbank abgerufenen Daten in den entsprechen-den Zellen werden dann aufgrund der Excel-Funktionen fortgeschrieben. Dieser kleine Trick schränkt den Benutzer aber dahingehend ein, daß beim erneuten Emp-fang von Daten, die Änderungen zunichte gemacht werden. Außerdem ist eine Navi-gation im Datenbestand nur noch sehr eingeschränkt möglich, wenn die Zellbezüge, die für die Excel-Funktionen gelten, erhalten bleiben sollen.

Das formelbasierte Modell stellt die höchsten Anforderungen an die OLAP-Anwen-dung. Neben der Projektion in die Zukunft soll es zusätzlich möglich sein, zukünftige Wunschergebnisse (z.B. bezüglich des Umsatzes, Gewinns usw.) vorzugeben und alternative Wege zu diesem Ziel aufzeigen zu lassen. *Codd* stellte 1993 fest, daß keine OLAP-Anwendung existiert, die diesen Ansprüchen genügen konnte.[389] *Essbase* ist auch heute nicht in der Lage, diese Anforderungen zu erfüllen. Allerdings muß hin-

---

[388] Voraussetzung dafür sind allerdings die notwendigen Benutzerrechte.
[389] Vgl. Codd/Codd/Salley (1993), S. 10.

terfragt werden, ob erfahrene Manager in der Lage wären, durch ein gezieltes Maßnahmenbündel in der Zukunft gewünschte Ergebnisse exakt zu erreichen.

5.6 Kritische Bewertung

Kapitel 5 hat gezeigt, daß mit *Hyperion Essbase* ein mächtiges Werkzeug vorliegt. Hinsichtlich der Implementierung bzw. der Erstellung von Datenmodellen am Rechner läßt *Essbase* kaum Wünsche offen. So können alle Arten von Hierarchien implementiert werden und selbst das dynamische Erzeugen und Ändern von Dimensionen beim Einspielen der Daten aus Quellen, wie z.b. einem Data Warehouse, wird gewährleistet. Zusätzlich steht eine breite Palette an Funktionen bereit, die Berechnungen auch über Dimensionen hinweg ermöglichen. Weiterhin ist eine Anbindungen an verschiedenste Datenquellen im Unternehmen und ein Durchgreifen auf die operativen Datenbanken mit Hilfe entsprechender Zusatztools möglich. Zahlreiche ergänzende Funktionen, die in dieser Arbeit nicht explizit aufgeführt und verwendet wurden, erleichtern das tägliche Arbeiten mit *Essbase* weiterhin beträchtlich.[390]

Störend wirken z. T. lediglich kleine Details. Beispielsweise werden zugewiesene Formeln nicht automatisch angepaßt, wenn sich die Namen der einbezogenen Dimension(sposition)en ändern. Außerdem sind drag&drop-Aktionen nicht durchgängig und lange Dateinamen noch gar nicht unterstützt, womit sich der Eindruck aufdrängt, daß *Essbase* für eine *Microsoft Windows 3.1*-Oberfläche entwickelt und noch nicht an aktuellere Versionen dieses Betriebssystems angepaßt wurde.

Auf der Endbenutzerseite hingegen pflegt *Hyperion* nicht umsonst enge Partnerschaften mit andern Anbietern, die gegenüber dem recht karg gehaltenen *Spreadsheet Add-in* zusätzliche Benutzungsoberflächen anbieten. Das im Rahmen dieser Arbeit verwendete *Add-in* hinterläßt den Eindruck, eher für Fachleute aus der Controlling-Abteilung entwickelt worden zu sein, die *Excel* als Standardanwendung schon verinnerlicht haben, als für Führungspersonen, die zwar mit einem PC-basierten Werkzeug aggregierte Daten abfragen, jedoch selbst keine detaillierten Berechnungen vornehmen.

---

[390] Dazu gehören z.B. Skripte, die automatische Reports erzeugen oder den Datenwürfel nach unterschiedlichen Regeln neu berechnen.

6 Zusammenfassung und Ausblick

Das Ziel dieser Arbeit bestand darin, durch Kennzahlen und Kennzahlensysteme ausgedrückte betriebswirtschaftliche Tatbestände mittels eines analyseorientierten mehrdimensionalen Datenbanksystems in einer Form wiederzugeben, die sich an der Sichtweise des Managements auf die entscheidungsrelevanten Daten orientiert. Zu Beginn des Kapitels 2 wurde dafür zunächst auf die Begriffsbildung, Einordnung sowie Funktion von Kennzahlen und Kennzahlensystemen eingegangen. Es galt, die Existenzberechtigung von Kennzahlensystemen herauszustellen, die daraus resultierte, daß die durch Verdichtung von Sachverhalten entstehenden Informationsverluste bei der Bildung einer Kennzahl durch geeignetes Verknüpfen mehrerer Kennzahlen z.T. wieder kompensiert werden können.

Ein Kennzahlensystem zu selektieren, das modernen Ansprüchen genügt und als Basis für die Modellierung einer betriebswirtschaftlichen Problemstellung und ihrer Implementierung in einem mehrdimensionalen Datenbanksystem dienen kann, war Gegenstand der weiteren Untersuchung. Dies geschah anhand eines zuvor aufgestellten Anforderungskatalogs. Mit der alleinigen Ausrichtung auf monetäre Kennzahlen, der ausgeprägten Vergangenheitsorientierung und der teilweisen Unverständlichkeit für die Mitarbeiter des Unternehmens weisen die traditionellen Kennzahlensysteme (DuPont, ZVEI, RL) jedoch beträchtliche Nachteile auf. Dem ZVEI-Kennzahlensystem mangelt es zusätzlich an der nötigen Kompaktheit und Flexibilität. Die Balanced Scorecard, als Konzept im Rahmen des Performance Measurement, stellte sich im direkten Vergleich letztendlich als das geeignetste Kennzahlensystem heraus. Ihre Vorteile liegen zum einen in der zusätzlichen Verwendung nichtmonetärer Kennzahlen, die als vorlaufende Indikatoren genutzt werden können, um Einflüsse auf die monetären Kennzahlen vorwegzunehmen und entsprechend zu reagieren. Zum anderen stellte sich die Balanced Scorecard als gegenüber den Mitarbeitern gut zu kommunizierendes Instrument heraus, da sich deren Handlungen an den aus der Unternehmensvision abgeleiteten Strategien orientieren sollten. Als aufwendiges Konzept erweist sich die Balanced Scorecard dagegen aufgrund ihrer wenigen Vorgaben; die zu verwendenden Kennzahlen müssen unternehmensindividuell durch trial-and-error festgelegt werden, erlauben somit aber die flexible Anpassung an neue Gegebenheiten. Aus diesen Gründen bildete die Balanced Scorecard den Ausgangspunkt der Modellierung und Implementierung.

Kapitel 3 galt der theoretischen Betrachtung der Datenstrukturen und Vorgehensweisen bei der Erstellung mehrdimensionaler Datenmodelle als Grundlage mehrdimensionaler Datenbanksysteme. Für diese Zwecke wurde zu Beginn eine Einordnung der Datenbanksysteme in den Kontext betrieblicher Informationssysteme
vorgenommen. Dabei wurde die generelle Eignung von Datenbanksystemen für die
Analysezwecke untersucht und herausgestellt, daß es nur mit Hilfe der weit-
verbreiteten operativen Datenbanksysteme nicht gelingen kann, Analysetätigkeiten
effizient und effektiv zu unterstützen. Vielmehr erfordern zu lange Antwortzeiten auf
der DV-Seite den getrennten Einsatz von transaktions- und analyseorientierten
Datenbanksystemen. Die aus Sicht des Managements notwendige Betrachtung langer
Zeiträume unter einem einheitlichen Begriffsverständnis spricht auf betriebswirtschaftlicher Seite für den Einsatz von Datenbanksystemen, die sich von den Datenstrukturen operativer Systeme lösen. Eine Untersuchung der auch in den betriebswirtschaftlichen Tatbeständen zugrundeliegenden mehrdimensionalen Datenstrukturen bildet den Gegenstand der weiteren Diskussion. Deren Konstrukte als
statische Eigenschaften mehrdimensionaler Datenmodelle wurden ebenso erörtert
wie die auf diesen Konstrukten möglichen Operationen. Dies diente dem Aufzeigen
von Möglichkeiten, die für die Abbildung von Kennzahlensystemen in DV-Umge-
bungen bestehen. Leider existieren für mehrdimensionale Datenbanksysteme bis zu
diesem Zeitpunkt noch keine einheitlichen konzeptionellen Datenmodelle, wie dies
für relationale Datenstrukturen bereits seit längerem der Fall ist. Die Ergebnisse
dieser Arbeit bestätigen, daß in dieser Richtung weitere Standardisierungsbestrebun-
gen unternommen werden sollten.

Anhand des Data Warehouse und des On-Line Analytical Processing wurde anschließend die praktische Relevanz geeigneter mehrdimensionaler Datenstrukturen
aufgezeigt. Es wurde betont, daß es sich bei beiden Anwendungen nicht um gänzlich
separate, sondern hochkomplementäre Anwendungsfelder handelt, die im Unternehmen erst dann ihre vollständigen Fähigkeiten unter Beweis stellen können, wenn
sie derart existieren, daß das Data Warehouse den einheitlichen Datenbestand verwaltet und sich die OLAP-Tools als Analyseanwendungen (evtl. mit zwischenge-
schalteten Data Marts) dieser Daten bedienen.

Die Datenmodellierung im Rahmen des Software Engineering erhielt mit Blick auf
diese Arbeit besondere Bedeutung. Eine in der Literatur einheitliche Vorgehensweise, die den Besonderheiten der Erstellung mehrdimensionaler Datenmodelle
Rechnung trägt, konnte nicht ausfindig gemacht werden. Für die Modellierung des
Kennzahlensystems erfolgte deshalb in Kapitel 3 eine Untersuchung vier verschiede-

ner Ansätze. Aus diesen wurde eine Synthese erarbeitet, die sich eng an den vorgestellten Vorgehensmodellen anlehnt und für diese Arbeit angebracht erschien.

Gemäß dieses Vorgehensmodells wurden in Kapitel 4 für die einzelnen Perspektiven
der Balanced Scorecard eines imaginären Beispielunternehmens Kennzahlen ausge-
wählt, die bezogen auf die Beispielunternehmung passend erschienen. Anhand von
Datenblättern wurden diese übersichtlich dargestellt. Es zeigte sich, daß speziell für
die nicht-finanzwirtschaftlichen Perspektiven geeignete Kennzahlen schwierig zu
finden sind. Zusätzlicher Aufwand kommt insofern auf die Unternehmung zu, daß
sie auch extern zu beschaffende Informationen zu entsprechenden Kennzahlen
verarbeiten sollte. Gerade in der Kundenperspektive ist dies unter dem Aspekt „wie
sehen uns die Kunden" von Vorteil, damit zusätzliche aussagekräftige Größen in den
Entscheidungsprozeß einfließen können. Dem Vorgehensmodell entsprechend folgte
anschließend die Identifikation der Betrachtungsperspektiven und Verdichtungs-
niveaus der einzelnen Kennzahlen. Mit Hilfe eines systematischen Vorgehens konnte
darauf aufbauend das Problem der Verknüpfung von Kennzahlen und Dimensionspositionen gelöst werden.

Die Beschreibung der Implementierung des modellierten Kennzahlensystems erfolgte in Kapitel 5. Dazu wurde zunächst das verwendete Datenbanksystem *Hyperion
Essbase* mit seinen relevanten Komponenten vorgestellt. Daran anschließend wurde
untersucht, ob sich die im theoretischen Teil erarbeiteten Konstrukte im Datenbanksystem entsprechend abbilden lassen. *Essbase* zeigte diesbezüglich keine Schwächen
und stellte die möglichen Hierarchiearten problemlos dar. Auch die beschriebenen
Operationen auf dem virtuellen Datenwürfel ließen sich ohne Probleme ausführen,
wenngleich dazu ein gewisses Maß an Vorstellungsvermögen aufzubringen ist.

Hinsichtlich der Benutzerfreundlichkeit konnte die Datenbankadministrator-Schnitt-
stelle (Application Manager) eher überzeugen, als die Schnittstelle zum Endbenutzer
(Spreadsheet Add-in). Der *Application Manager* wartet mit einer Oberfläche auf,
welche gerade die erstmalige Auseinandersetzung mit der Hyperwürfel-Materie sehr
erleichtert, auch wenn mit dem Erstellen komplexerer Anwendungen ein gewisses
Maß an konzeptioneller Vorarbeit nicht zu umgehen ist und eine entsprechende
Umsetzung in der Datenbank nicht immer gleich gelingt. Das *Add-in* machte anfänglich einen recht kargen Eindruck und konnte bis zum Ende hin nicht vollends überzeugen. Es drängte sich der Eindruck auf, daß es nur Controllern mit umfangreicher
Excel-Erfahrung gelingen kann, dieses Analysewerkzeug bis an seine Grenzen aus-
zunutzen. Für Manager, die u.U. nicht über eine derart spezialisierte Systemkenntnis
verfügen, scheint dieses Werkzeug weniger konzipiert, wenngleich einige Kompro-
misse eingegangen werden können. So besteht die Möglichkeit, Standard-Exceltabel-

len vorzugeben, die gewünschte Kennzahlen und Dimensionsattribute mit Hilfe von Excel-Grafiken visualisieren. Die Aktualisierung der Zahlen durch die Datenbank erfolgt dann nur noch per Mausklick. Jedoch hat dies den Nachteil, daß dadurch kein Navigieren in den Datenbeständen mehr möglich ist. Es hat sich hat dennoch gezeigt, daß die Implementierung eines Kennzahlensystems mit *Hyperion Essbase* generell durchführbar ist. Offensichtliche Stärken besitzt *Essbase* im Bereich der Analyse finanzwirtschaftlicher Meßgrößen, die auch von einer Vielzahl von Kunden genutzt werden.[391]

Auf den Ergebnissen dieser Arbeit aufbauend stellt sich somit die Frage, ob die Kombination dieses mehrdimensionalen Datenbanksystems mit einem geeigneten zusätzlichen EIS- bzw. FIS-Werkzeug nicht eine bessere Lösung dieses Problems darstellt.

Die Balanced Scorecard selbst hat sich als ein geeignetes Ausgangskonzept für die Implementierung eines Kennzahlensystems erwiesen, wenngleich mit Blick auf diese Arbeit nicht untersucht werden konnte, wie deren Einführung im Unternehmen ablaufen sollte und welche Risiken damit verbunden sind. Mit der ausschließlichen Implementierung einer Balanced Scorecard ist es somit auch nicht getan, da die Kommunikation der Unternehmensvision und der daraus abgeleiteten Strategien an die Mitarbeiter nicht lediglich durch den Einsatz eines mehrdimensionalen Datenbanksystems erfolgen kann.

Wünschenswert wären an dieser Stelle weitere Vorschläge und genauere Anweisungen aus der Wissenschaft für die Umsetzung der Balanced Scorecard im konkreten Unternehmen, um v.a. die Konfliktfreiheit der einbezogenen Kennzahlen zu wahren und konzeptionelle Fehler bei der Einführung zu vermeiden.[392] Weitere Forschungsfelder ergeben sich zusätzlich aus der Anbindung eines Data Warehouse an das vorhandene Analysetool und die durch *Essbase* weniger gegebene Auswertung von Zusammenhängen in und zwischen den einzelnen Datenwürfeln durch intelligente Verfahren des Data Mining.

---

[391] „Fifty percent or more of customers use Essbase for financial analysis and sales and marketing reports. Sixty percent or more use Essbase for budgeting and forecasting." Vgl. Hyperion Essbase (1999a), S. 5-3.

[392] Neuere Werke zum Thema Balanced Scorecard greifen diesen Kritikpunkt zunehmend auf und geben Vorschläge für einzusetzende Kennzahlen, die in bisherigen Leitfäden weniger zu finden waren (z.B. Kennzahlen zur IT-Ausstattung, um in der Wissens- und Innovationsperspektive den diesbezüglichen Fortschritt zu messen) [Olve/Roy/Wetter (1999), S. 236ff]. *Weber* und *Schäffer* geben in ihrem neuerschienenen Buch erste konkrete Handlungsanweisungen für die Umsetzung einer Balanced Scorecard und zählen verschiedene Erfolgsfaktoren auf [Weber/Schäffer (1999), S. 71].

Literaturverzeichnis

AGPLAN (1969): Die Bedeutung der Kennzahlen für eine rationelle Unternehmenssteuerung, Frankfurt/M. 1969.

ANSI/X3/SPARC DBMS Study Group (1975): Interim Report, in: FDT, 7. Jg., Heft 2, 1975, S. I-ll – II-33.

Balzert, Helmut (1998): Lehrbuch für Software-Technik: Software-Management, Software-Qualitätssicherung, Unternehmensmodellierung, Heidelberg, Berlin 1998.

Becker, Jörg (1993): Modellierung und Speicherung aggregierter Daten als Basis für das Controlling, in: Scheer, August-Wilhelm (Hrsg.): 14. Saarbrücker Arbeitstagung 1993: Rechnungswesen und EDV, Heidelberg 1993, S. 19 – 37.

Becker, Jörg; Priemer, Jürgen; Wild, Raoul G. (1994): Modellierung und Speicherung aggregierter Daten, in: Wirtschaftsinformatik, 36. Jg., Heft 5, 1994, S. 422 – 433.

Behme, Wolfgang; Mucksch, Harry (1998): Die Notwendigkeit einer entscheidungsorientierten Informationsversorgung, in: Mucksch, Harry; Behme, Wolfgang (Hrsg.): Das Data Warehouse-Konzept: Architektur – Datenmodelle – Anwendungen; mit Erfahrungsberichten, 3. Aufl., Wiesbaden 1998, S. 3 – 32.

Behme, Wolfgang; Ohlendorf, Thomas (1994): Datenbanksysteme, -modelle und Entwurfsmethoden als Grundlage von Controlling-Informationssystemen, in: Biethahn, Jörg; Huch, Burkhard (Hrsg.): Informationssysteme für das Controlling: Konzepte, Methoden und Instrumente zur Gestaltung von Controlling-Informationssystemen, Berlin et al. 1994, S. 117 – 174.

Behme, Wolfgang; Schimmelpfeng, Katja (1993): Führungsinformationssysteme: Geschichtliche Entwicklung, Aufgaben und Leistungsmerkmale, in: Behme, Wolfgang; Schimmelpfeng, Katja (Hrsg.): Führungsinformationssysteme: neue Entwicklungstendenzen im EDV-gestützten Berichtswesen, Wiesbaden 1993, S. 3 – 16.

Betriebswirtschaftlicher Ausschuß des ZVEI (1976): ZVEI Kennzahlensystem – ein Instrument zur Unternehmenssteuerung, Frankfurt/M. 1976.

Biethahn, Jörg; Fischer, Dirk (1994): Controlling-Informationssysteme, in: Biethahn, Jörg; Huch, Burkhard (Hrsg.): Informationssysteme für das Controlling: Konzepte, Methoden und Instrumente zur Gestaltung von Controlling-Informationssystemen, Berlin et al. 1994, S. 25 – 68.

Bischoff, Joyce (1994): Achieving Warehouse Success, in: Database Programming & Design, 7. Jg., Heft 6, 1994, S. 27 – 33.

Bissantz, Nicolas (1999): Aktive Managementinformation und Data Mining: Neuere Methoden und Ansätze, in: Chamoni, Peter; Gluchowski, Peter (Hrsg.): Analytische Informationssysteme – Data Warehouse, On-Line Analytical Processing, Data Mining, 2. Aufl., Berlin et al. 1999, S. 375 – 392.

Boehm, Barry W. (1986): Wirtschaftliche Software-Produktion, Wiesbaden 1986.

Botta, Volkmar (1993): Kennzahlensysteme als Führungsinstrumente – Planung, Steuerung und Kontrolle der Rentabilität im Unternehmen, Berlin 1993.

Brodie, Michael L. (1984): On the Development of Data Models, in: Brodie, Michael L; Mylopoulos, John; Schmidt, Joachim W. (Hrsg.): On Conceptual Modelling: Perspectives from Artificial Intelligence, Databases, and Programming Languages, New York et al. 1984, S. 19 – 47.

Bulos, Dan (1998): OLAP Database Design – A new dimension, in: Chamoni, Peter; Gluchowski, Peter (Hrsg.): Analytische Informationssysteme – Data Warehouse, On-Line Analytical Processing, Data Mining, Berlin et al. 1998, S. 251 – 262.

Cas, Klemen (1999): Integration von Kosten- und Marktdaten in einem Entscheidungsassistenten, in: Wirtschaftsinformatik, 41. Jg., Heft 5, 1999, S. 416 – 425.

Chamoni, Peter (1999): Ausgewählte Verfahren des Data Mining, in: Chamoni, Peter; Gluchowski, Peter (Hrsg.): Analytische Informationssysteme – Data Warehouse, On-Line Analytical Processing, Data Mining, 2. Aufl., Berlin et al. 1999, S. 355 – 373.

Chamoni, Peter; Gluchowski, Peter (1999a): Analytische Informationssysteme –
Einordnung und Überblick, in: Chamoni, Peter; Gluchowski, Peter (Hrsg.):
Analytische Informationssysteme – Data Warehouse, On-Line Analytical
Processing, Data Mining, 2. Aufl., Berlin et al. 1999, S. 3 – 26.

Chamoni, Peter; Gluchowski, Peter (1999b): Entwicklungslinien und Architekturkonzepte des On-Line Analytical Processing, in: Chamoni, Peter; Gluchowski, Peter (Hrsg.): Analytische Informationssysteme – Data Warehouse, On-Line Analytical Processing, Data Mining, 2. Aufl., Berlin et al. 1999,
S. 261 – 280.

Chamoni, Peter; Zeschau, Dietmar (1996): Management-Support-Systems und
Data Warehousing, in: Mucksch, Harry; Behme, Wolfgang (Hrsg.): Das Da-
ta Warehouse-Konzept: Architektur – Datenmodelle – Anwendungen; mit
Erfahrungsberichten, Wiesbaden 1996, S. 47 – 83.

Chaudhuri, Surajit; Dayal, Umeshwar (1997): An Overview of Data Warehousing
and OLAP Technology, in: ACM Sigmod Record, 26. Jg., Heft 1, 1997,
S. 520 – 526. Die Angaben der Seitenzahlen beziehen sich auf die Publikation des Artikels im Internet, http://www.acm.org/sigmod/record/ is-
sues/9703/chaudhuri.ps, abgerufen am 27.11.1999.

Codd, Edgar F. (1970): A relational model for large shared data banks, in: Commu-
nications of the ACM, 13. Jg., Heft 6, 1970, S. 377 – 387.

Codd, Edgar F.; Codd, Sharon B.; Salley, Clynch T. (1993): Providing OLAP
(On-Line Analytical Processing) to User-Analysts. An IT-Mandate, Whitepaper, o.O. 1993.

Degen, Horst (1999): Statistische Methoden zur visuellen Exploration mehrdimen-
sionaler Daten, in: Chamoni, Peter; Gluchowski, Peter (Hrsg.): Analytische
Informationssysteme – Data Warehouse, On-Line Analytical Processing,
Data Mining, 2. Aufl., Berlin et al. 1999, S. 393 – 414.

Devlin, Barry A.; Murphy, Paul T. (1988): An architecture for a business and information system, in: IBM Systems Journal, 27. Jg., Heft 1, 1988, S. 60 – 80.

Dittmar, Carsten (1999): Erfolgsfaktoren für Data Warehouse-Projekte – eine empirische Studie aus Sicht der Anwendungsunternehmen, Arbeitsbericht des Instituts für Unternehmungsführung und Unternehmensforschung der Ruhr-Universität Bochum, Nr. 78, Bochum 1999.

Düsing Roland (1999): Knowledge Discovery in Databases und Data Mining, in: Chamoni, Peter; Gluchowski, Peter (Hrsg.): Analytische Informationssysteme – Data Warehouse, On-Line Analytical Processing, Data Mining, 2. Aufl., Berlin et al. 1999, S. 345 – 353.

Ferstl, Otto K.; Sinz, Elmar J. (1993): Grundlagen der Wirtschaftsinformatik, Band 1, München, Wien 1993.

Forsman, Sarah (1997): OLAP Council White Paper, http://www.olapcouncil.org/research/whtpapco.htm, abgerufen am 27.10.1999.

Gabriel, Roland (1990): Software Engineering, in: Kurbel, Karl; Strunz, Horst (Hrsg.): Handbuch Wirtschaftsinformatik, Stuttgart 1990, S. 257 – 273.

Gabriel, Roland (1998): Data Base Engineering – Gestaltung und Einsatz von Datenbanksystemen, Lehrmaterialien im Studienfach Wirtschaftsinformatik der Ruhr-Universität Bochum, Nr. 23-98, Bochum 1998.

Gabriel, Roland; Begau, Klaus; Knittel, Friedrich; Taday, Holger (1994): Büroinformations und -kommunikationssysteme: Aufgaben, Systeme, Anwendungen, Heidelberg 1994.

Gabriel, Roland; Gluchowski, Peter (1997): Semantische Modellierungstechniken für multidimensionale Datenstrukturen, in: HMD, 34. Jg., Heft 195, 1997, S. 18 – 37.

Gabriel, Roland; Röhrs, Heinz-Peter (1995): Datenbanksysteme: konzeptionelle Datenmodellierung und Datenbankarchitekturen, 2. Aufl., Berlin et al. 1995.

Gluchowski, Peter (1996): Architekturkonzepte multidimensionaler Data-Warehouse-Lösungen, in: Mucksch, Harry; Behme, Wolfgang (Hrsg.): Das Data Warehouse-Konzept: Architektur – Datenmodelle – Anwendungen; mit Erfahrungsberichten, Wiesbaden 1996, S. 229 – 261.

Gluchowski, Peter (1997): Data Warehouse-Datenmodellierung: Weg von der starren Normalform, in: Datenbank-Fokus, 7. Jg., Heft 11, 1997, S. 62 – 66.

Gluchowski, Peter; Gabriel, Roland; Chamoni, Peter (1997): Management Support Systeme: computergestützte Informationssysteme für Führungskräfte und Entscheidungsträger, Berlin et al. 1997.

Gluchowski, Peter; Schelp, Joachim (1997): Data Warehouse – Konzepte und Produkte im Internet, in: Wirtschaftsinformatik, 39. Jg., Heft 4, 1997, S. 405 – 410.

Greenberg, Ilan (1996): OLAP or ROLAP?, in: Infoworld, 18. Jg., Heft 24, 1996, Die Seitenzahlen beziehen sich auf den Ausdruck aus dem Internet. http://archive.infoworld.com/cgi-bin/displayArchive.pl?/96/24/ e01-24.1.htm, abgerufen am 08.10.1999.

Hahne, Michael (1998): Modellierung mehrdimensionaler Datenstrukturen in OLAP-Datenbanken – Eine vergleichende Analyse von drei ausgewählten Systemprodukten, Arbeitsberichte des Lehrstuhls für Wirtschaftsinformatik der Ruhr-Universität Bochum, Nr. 98-30, Bochum 1998.

Hahne, Michael (1999): Logische Datenmodellierung für das Data Warehouse – Bestandteile und Varianten des Star Schemas, in: Chamoni, Peter; Gluchowski, Peter (Hrsg.): Analytische Informationssysteme – Data Warehouse, On-Line Analytical Processing, Data Mining, 2. Aufl., Berlin et al. 1999, S. 145 – 170.

Hahne, Michael; Schelp, Joachim (1997): Semantische und logische Modellierung mehrdimensionaler Datenstrukturen, Arbeitsberichte des Lehrstuhls für Wirtschaftsinformatik der Ruhr-Universität Bochum, Nr. 97-26, Bochum 1997.

Hansen, Hans Robert (1996): Wirtschaftsinformatik I, Grundlagen betrieblicher Informationsverarbeitung, München et al. 1996.

Hesse, Wolfgang; Barkow, Georg; von Braun, Hubert; Kittlaus, Hans-Bernd; Scheschonk, Gert (1994): Terminologie der Softwaretechnik, Ein Begriffssystem für die Analyse und Modellierung von Anwendungssystemen, Teil 1: Begriffssystematik und Grundbegriffe, in: Informatik-Spektrum, 17. Jg., 1994, S. 39 – 47.

Heuer, Andreas (1997): Objektorientierte Datenbanken – Konzepte, Modelle, Standards und Systeme, 2. Aufl., Bonn et al. 1997.

Holthuis, Jan (1997): Modellierung multidimensionaler Daten: Modellierungs-aspekte und Strukturkomponenten, Arbeitsberichte des Lehrstuhls für Informationsmanagement und Datenbanken der European Business School (ebs) Oestrich-Winkel, Oestrich-Winkel 1997.

Holthuis, Jan (1998a): Multidimensionale Datenstrukturen – Modellierung, Strukturkomponenten, Implementierungsaspekte, in: Mucksch, Harry; Behme, Wolfgang (Hrsg.): Das Data Warehouse-Konzept: Architektur – Datenmodelle – Anwendungen; mit Erfahrungsberichten, 3. Aufl., Wiesbaden 1998, S. 143 – 194.

Holthuis, Jan (1998b): Der Aufbau von Data Warehouse-Systemen: Konzeption – Datenmodellierung – Vorgehen, zugleich Dissertation, Universität Göttingen 1997, Wiesbaden 1998.

Holthuis, Jan; Mucksch, Harry; Reiser, Marcus (1995): Das Data Warehouse-Konzept – Ein Ansatz zur Informationsbereitstellung für Managementunterstützungssysteme, Arbeitsberichte des Lehrstuhls für Informationsmanagement und Datenbanken der European Business School (ebs), Nr. 95-1, Oestrich-Winkel 1995.

Horváth, Péter (1998): Controlling, 7. Aufl., München 1998.

Huch, Burkhard; Dölle, Walter (1994): Informationssysteme zur strategischen Planung, in: Bloech, Jürgen; Götze, Uwe; Huch, Burkhard; Lücke, Wolfgang; Rudolph, Friedhelm (Hrsg.): Strategische Planung Instrumente, Vorgehensweisen und Informationssysteme, Heidelberg 1994, S. 211 – 228.

Huch, Burkhard; Schimmelpfeng, Katja (1994): Controlling: Konzepte, Aufgaben und Instrumente, in: Biethahn, Jörg; Huch, Burkhard (Hrsg.): Informationssysteme für das Controlling: Konzepte, Methoden und Instrumente zur Gestaltung von Controlling-Informationssystemen, Berlin et al. 1994, S. 1 – 24.

Hull, Richard; King, Roger (1987): Semantic Database Modeling: Survey, Applications, and Research Issues, in: ACM Computing Surveys, 19. Jg., Heft 3, 1987, S. 201 – 260.

Hyperion Essbase (1999a): Database Administrator's Guide, Version 5, Sunnyvale 1999.

Hyperion Essbase (1999b): Spreadsheet Add-in User's Guide for Excel, Version 5, Sunnyvale 1999.

Hyperion Software Corporation (1998): The Role of the OLAP-Server in a Data Warehouse Solution, http://www.hyperion.com/whitepapers.cfm, abgerufen am 21.08.1999.

Inmon, William-H. (1992): Building the Data Warehouse, New York et al. 1992.

Inmon, William-H. (1996): Building the Data Warehouse, 2. Aufl., New York et al. 1996.

Inmon, William-H.; Welch, J. D.; Glassey, Katherine L. (1997): Managing the Data Warehouse, New York et al. 1997.

Jahnke, Bernd (1993): Einsatzkriterien, kritische Erfolgsfaktoren und Einführungsstrategien für Führungsinformationssysteme, in: Behme, Wolfgang; Schimmelpfeng, Katja (Hrsg.): Führungsinformationssysteme: neue Entwicklungstendenzen im EDV-gestützten Berichtswesen, Wiesbaden 1993, S. 19 – 43.

Jung, H. H. (1998): OLAP-Tools, in: Database Marketing, 2. Jg., Heft 2, 1998, S. 12 – 14.

Kaplan, Robert S.; Norton, David P. (1992): In Search of Excellence – der Maßstab muß neu definiert werden, in: HARVARDmanager, 14. Jg., Heft 4, 1992, S. 37 – 46.

Kaplan, Robert S.; Norton, David P. (Hrsg.) (1997): Balanced Scorecard: Strategien erfolgreich umsetzen, aus dem amerikanischen von: Horváth, Péter; Kuhn-Würfel, Beatrix; Vogelhuber, Claudia, Stuttgart 1997.

Kaufmann, Lutz (1997): ZP-Stichwort: Balanced Scorecard, in: ZfP, 8. Jg., 1997, S. 421 – 428.

Kemper, Hans-Georg; Ballensiefen, Klaus (1993): Der Auswahlprozeß von Werkzeugen zum Aufbau von Führungsinformationssystemen – Ein Vorgehensmodell, in: Behme, Wolfgang; Schimmelpfeng, Katja (Hrsg.): Führungsinformationssysteme: neue Entwicklungstendenzen im EDV-gestützten Berichtswesen, Wiesbaden 1993, S. 17 – 28.

Kemper, Alfons; Eickler, André (1997): Datenbanksysteme: eine Einführung, 2. Aufl., München, Wien 1997.

Kenan Systems Corporation (1995): An introduction to multidimensional database technology, Whitepaper, o.O. 1995.

Koontz, Harold; Weihrich, Heinz (1993): Management: A Global Perspective, New York et al. 1993.

Koutsoukis, Nikitas-Spiros; Mitra, Gautam; Lucas, Cormac (1999): Adapting on-line analytical processing for decision modelling: the interaction of information and decision technologies, in: Decision Support Systems, 26. Jg., 1999, S. 1 – 30.

Kratzer, Klaus (1997): Datenmanipulationssprache, in: Mertens, Peter et al. (Hrsg.): Lexikon der Wirtschaftsinformatik, 3. Aufl., Berlin et al. 1997, S. 117 – 118.

Küting, Karlheinz (1983a): Kennzahlensysteme in der betrieblichen Praxis, in: WiSt, 12. Jg., Heft 6, 1983, S. 291 – 296.

Küting, Karlheinz (1983b): Grundsatzfragen von Kennzahlen als Instrumenten der Unternehmensführung, in: WiSt, 12. Jg., Heft 5, 1983, S. 237 – 241.

Lang, Stefan M.; Lockemann, Peter C. (1995): Datenbankeinsatz, Berlin, Heidelberg 1995.

Luft, Alfred Lothar (1997): Information – Daten – Wissen, in: Mertens, Peter et al. (Hrsg.): Lexikon der Wirtschaftsinformatik, 3. Aufl., Berlin et al. 1997, S. 195 – 196.

Mag, Wolfgang (1977): Entscheidung und Information, München 1977.

Mag, Wolfgang (1990): Grundzüge der Entscheidungstheorie, München 1990.

Maier, Ronald (1996): Qualität von Datenmodellen, Wiesbaden 1996.

McGuff, Frank (1996): Data Modeling Patterns for Data Warehouses, White Paper, http://members.aol.com/~fmcguff/dwmodel/dwmodel.htm, abgerufen am 20.09.1999.

Mertens, Peter (1999): Integration interner, externer, qualitativer und quantitativer Daten auf dem Weg zum Aktiven MIS, in: Wirtschaftsinformatik, 41. Jg., Heft 5, 1999, S. 405 – 415.

Mertens, Peter; Griese, Joachim (1993): Integrierte Informationsverarbeitung 2: Planungs- und Kontrollsysteme in der Industrie, 7. Aufl., Wiesbaden 1993.

Mertens, Peter; Griese, Joachim (1997): Integrierte Informationsverarbeitung 1: Administrations- und Dispositionssysteme in der Industrie, 11. Aufl., Wiesbaden 1997.

Meyer, Claus (1994): Betriebswirtschaftliche Kennzahlen und Kennzahlensysteme, 2. Aufl., Stuttgart 1994.

Mucksch, Harry (1996): Charakteristika, Komponenten und Organisationsformen von Data Warehouses, in: Mucksch, Harry; Behme, Wolfgang (Hrsg.): Das Data Warehouse-Konzept: Architektur – Datenmodelle – Anwendungen; mit Erfahrungsberichten, Wiesbaden 1996, S. 85 – 116.

Mucksch, Harry (1999): Das Data Warehouse als Datenbasis analytischer Informationssysteme – Architektur und Komponenten, in: Chamoni, Peter; Gluchowski, Peter (Hrsg.): Analytische Informationssysteme – Data Warehouse, On-Line Analytical Processing, Data Mining, 2. Aufl., Berlin et al. 1999, S. 171 – 189.

Mucksch, Harry; Behme, Wolfgang (1998): Das Data Warehouse-Konzept als Basis einer unternehmensweiten Informationslogik, in: Mucksch, Harry; Behme, Wolfgang (Hrsg.): Das Data Warehouse-Konzept: Architektur – Datenmodelle – Anwendungen; mit Erfahrungsberichten, 3. Aufl., Wiesbaden 1998, S. 33 – 100.

Mülder, Wilhelm (1997): Implementierung, in: Mertens, Peter et al. (Hrsg.): Lexikon der Wirtschaftsinformatik, 3. Aufl., Berlin et al. 1997, S. 193 – 194.

Müller, Jochen (1998): Datenversorgung für das Data Warehouse – Ein dreistufiges Modell zur Transformation operativer Daten, Arbeitsberichte des Lehrstuhls für Wirtschaftsinformatik der Ruhr-Universität Bochum, Nr. 98-29, Bochum 1998.

Müller, Jochen (1999): Datenbeschaffung für das Data Warehouse, in: Chamoni, Peter; Gluchowski, Peter (Hrsg.): Analytische Informationssysteme – Data Warehouse, On-Line Analytical Processing, Data Mining, 2. Aufl., Berlin et al. 1999, S. 95 – 118.

Nußdorfer, Richard (1998a): STAR-Schema – Das E/R-Modell steht auf dem Kopf, Teil 1, in: Datenbank-Fokus, 8. Jg., Heft 10, 1998, S. 22 – 28.

Nußdorfer, Richard (1998b): STAR-Schema – Modellierung von Dimensions-Tabellen, Teil 2, in: Datenbank-Fokus, 8. Jg., Heft 11, 1998, S. 16 – 23.

OLAP-Council (1995): OLAP and OLAP-Server Definitions, http://www.olapcouncil.org/research/glossaryly.htm, Januar 1995, abgerufen am 29.08.1999.

Olve, Nils-Göran; Roy, Jan; Wetter, Magnus (1999): Performance Drivers: A practical guide to using the Balanced Scorecard, Chichester et al. 1999.

o.V. (1997a): Unternehmung, in: Gabler Wirtschaftslexikon, 14. Aufl., Band 4 (Sp-Z), Wiesbaden 1997, S. 3952 – 3955.

o.V. (1997b): Wirtschaftsinformatik (WI), in: Stickel, Eberhard; Groffmann, Hans-Dieter; Rau, Karl-Heinz (Hrsg.): Gabler Wirtschaftsinformatiklexikon, Wiesbaden 1997, S. 772 – 775.

o.V. (1997c): Vorgehensmodell, in: Stickel, Eberhard; Groffmann, Hans-Dieter; Rau, Karl-Heinz (Hrsg.): Gabler Wirtschaftsinformatiklexikon, Wiesbaden 1997, S. 756 – 758.

o.V. (1997d): Betriebswirtschaftslehre als Theorie der Unternehmung, in: Gabler Wirtschaftslexikon, 14. Aufl., Band 1 (A-E), Wiesbaden 1997, S. 579.

Pálffy, Thomas (1991): Denormalisierung beim Datenbankentwurf, in: Information Management, 6. Jg., Heft 1, 1991, S. 48 – 55.

Pendse, Nigel (1999a): Multidimensional data structures, http://www.olapreport.com/MDStructures.htm, 18.01.1999, abgerufen am 02.09.1999.

Pendse, Nigel (1999b): Market share analysis, http://www.olapreport.com/Market.htm, 07.10.1999, abgerufen am 09.11.1999.

Pendse, Nigel (1999c): Database Explosion, http://www.olapreport.com/ DatabaseExplosion.htm, 03.10.1999, abgerufen am 07.10.1999.

Pendse, Nigel; Creeth, Richard (1999): A New Definition for OLAP: FASMI, http://www.busintel.com/syn3.htm, abgerufen am 20.11.1999.

Picot, Arnold (1990): Der Produktionsfaktor Information in der Unternehmensführung, in: Information Management, 5. Jg., Heft 1, 1990, S. 6 – 14.

Pilot Software (1997): An Introduction to OLAP – Multidimensional Terminology & Technology, White Paper, http://www.piltosw.com/r_and_t/whtpaper/olap/time.htm, abgerufen am 13.09.1997.

Pomberger, Gustav; Blaschek, Günther (1993): Grundlagen des Software Engineering: Prototyping und objektorientierte Software-Entwicklung, München, Wien 1993.

Preißler, Peter R. (1988): Operatives Controlling: Checklist: Controlling einsetzen und gewinnbringend durchführen, 3. Aufl., Landsberg am Lech 1988.

Raden, Neil (1996): Choosing the right OLAP-Technology, in: Barquin, Ramon C.; Edelstein, Herbert A. (Hrsg.): Planning and Designing the Data Warehouse, Prentice Hall 1996, S. 199 – 224.

Rauh, Otto; Stickel, Eberhard (1997): Konzeptuelle Datenmodellierung, Stuttgart, Leipzig 1997.

Reichmann, Thomas (1993): Kennzahlensysteme, in: Wittmann, Waldemar; Kern, Werner; Köhler, Richard; Küpper, Hans-Ulrich; von Wysocki, Klaus (Hrsg.): Handwörterbuch der Betriebswirtschaft, Teilband 2, 5. Aufl., Stuttgart 1993, Sp. 2159 – 2174.

Reichmann, Thomas (1996): Management und Controlling, Gleiche Ziele – unterschiedliche Wege und Instrumente, in: ZfB, 66. Jg., Heft 5, 1996, S. 559 – 585.

Reichmann, Thomas (1997): Controlling mit Kennzahlen und Managementberichten – Grundlagen einer systemgestützten Controlling-Konzeption, 5. Aufl., München 1997.

Reichmann, Thomas; Lachnit, Laurenz (1976): Planung, Steuerung und Kontrolle mit Hilfe von Kennzahlen, in: ZfbF, 28. Jg. 1976, S. 705 – 723.

Reichmann, Thomas; Lachnit, Laurenz (1978): Das Rechnungswesen als Management-Informationssystem zur Krisenerkennung und Krisenüberwindung, in: BFuP, 30. Jg, Heft 3, 1978, S. 203 – 219.

Sanders, G. Lawrence (1995): Data Modeling, New York et al. 1995.

Sapia, Carsten; Blaschka, Markus; Höfling, Gabriele (1999): An Overview of Multidimensional Models for OLAP, Report des Bayrischen Forschungszentrums für wissensbasierte Systeme, Erlangen, München, Passau 1999, http://www.forwiss.tumuenchen.de/~system42/publications/techreport.pdf, abgerufen am 09.11.1999.

Scheer, August-Wilhelm (1994): Wirtschaftsinformatik: Referenzmodelle für industrielle Geschäftsprozesse, 4. Aufl., Berlin, Heidelberg 1994.

Schelp, Joachim (1999): Konzeptionelle Modellierung mehrdimensionaler Datenstrukturen, in: Chamoni, Peter; Gluchowski, Peter (Hrsg.): Analytische Informationssysteme – Data Warehouse, On-Line Analytical Processing, Data Mining, 2. Aufl., Berlin et al. 1999, S. 281 – 305.

Schinzer, Heiko D. (1996): Data Warehouse – Informationsbasis für die Computerunterstützung des Managements, in: WiSt, 25. Jg., Heft 9, 1996, S. 468 – 472.

Schinzer, Heiko D.; Bange Carsten (1999): Werkzeuge zum Aufbau analytischer Informationssysteme, in: Chamoni, Peter; Gluchowski, Peter (Hrsg.): Analytische Informationssysteme – Data Warehouse, On-Line Analytical Processing, Data Mining, 2. Aufl., Berlin et al. 1999, S. 45 – 74.

Schinzer, Heiko D.; Bange, Carsten; Wehner, Joachim; Zeile, Christoph (1997): Management mit Maus und Monitor: ausgewählte Businessintelligence-, OLAP- und Data Warehouse-Werkzeuge im Vergleich, München 1997.

Schlageter, Gunter; Stucky, Wolffried (1983): Datenbanksysteme: Konzepte und Modelle, 2. Aufl., Stuttgart 1983.

Schlösser, Jörg; Breitner, Christoph (1998): Data Mining: Einordnung, Verfahren und Anwendung, in: Database Marketing, 2. Jg., Heft 2, 1998, S. 5 – 11.

Schneider, Dieter (1997a): Betriebswirtschaftslehre (BWL), in: Gabler Wirtschaftslexikon, 14. Aufl., Band 1 (A-E), Wiesbaden 1997, S. 570 – 579.

Schneider, Dieter (1997b): Betriebswirtschaftslehre, Band 2: Rechnungswesen, 2. Aufl., München, Wien 1997.

Schreier, Ulf (1997): Datenbeschreibungssprache, in: Mertens, Peter et al. (Hrsg.): Lexikon der Wirtschaftsinformatik, 3. Aufl., Berlin et al. 1997, S. 116.

Seibt, Dietrich (1997): Vorgehensmodell, in: Mertens, Peter et al. (Hrsg.): Lexikon der Wirtschaftsinformatik, 3. Aufl., Berlin et al. 1997, S. 431 – 434.

Sinz, Elmar (1997): Modellierung, in: Mertens, Peter et al. (Hrsg.): Lexikon der Wirtschaftsinformatik, 3. Aufl., Berlin et al. 1997, S. 271.

Staehle, Wolfgang H. (1969): Kennzahlen und Kennzahlensysteme als Mittel der Organisation und Führung von Unternehmen, Wiesbaden 1969.

Staehle, Wolfgang H. (1999): Management: eine verhaltenswissenschaftliche Perspektive, 8. Aufl., überarbeitet von Conrad, Peter und Sydow, Jörg, München 1999.

Stahlknecht, Peter; Hasenkamp, Ulrich (1997): Einführung in die Wirtschaftsinformatik, 8. Aufl., Berlin et al. 1997.

Steinmann, Horst; Schreyögg, Georg (1997): Management: Grundlagen der Unternehmensführung: Konzepte – Funktionen – Fallstudien, 4. Aufl., Wiesbaden 1997.

Streubel, Frauke (1996): Theoretische Fundierung eines ganzheitlichen Informationsmanagements, Arbeitsberichte des Lehrstuhls für Wirtschaftsinformatik der Ruhr-Universität Bochum, Nr. 96-21, Bochum 1996.

Thomsen, Erik (1997): Beyond the MOLAP/ROLAP Wars, in: Database Programming & Design, 10. Jg., Heft 8, 1997, S. 78 – 79.

Totok, Andreas (1997): Data Warehouse und OLAP als Basis für betriebliche Informationssysteme, Berichte des Instituts für Wirtschaftswissenschaften der Technischen Universität Braunschweig, Braunschweig 1997.

Totok, Andreas; Jaworski, Ramon (1998): Modellierung von multidimensionalen Datenstrukturen mit ADAPT – Ein Fallbeispiel, Berichte des Instituts für Wirtschaftswissenschaften der Technischen Universität Braunschweig, Braunschweig 1998.

Varhol, Peter D. (1995): Three Routes to OLAP, in: Datamation, 41. Jg., Heft 15, S. 57 – 63.

Vetter, Max (1994): Informationssysteme in der Unternehmung: Eine Einführung in die Datenmodellierung und Anwendungsentwicklung, 2. Aufl., Stuttgart 1994.

Vossen, Gottfried (1994): Datenmodelle, Datenbanksprachen und Datenbank-Management-Systeme, 2. Aufl., Bonn et al. 1994.

Weber, Jürgen; Schäffer, Utz (1999): Balanced Scorecard & Controlling: Implementierung – Nutzen für Manager und Controller – Erfahrungen in deutschen Unternehmen, Wiesbaden 1999.

Wedekind, Hartmut (1997a): Datenmodell, in: Mertens, Peter et al. (Hrsg.): Lexikon der Wirtschaftsinformatik, 3. Aufl., Berlin et al. 1997, S. 118 – 120.

Wedekind, Hartmut (1997b): Datenbanksystem, in: Mertens, Peter et al. (Hrsg.): Lexikon der Wirtschaftsinformatik, 3. Aufl., Berlin et al. 1997, S. 115 – 116.

Wirtz, Klaus Werner (1997): Software Engineering, in: Mertens, Peter et al. (Hrsg.): Lexikon der Wirtschaftsinformatik, 3. Aufl., Berlin et al. 1997, S. 362 – 364.

Wissenschaftliche Kommission der Wirtschaftsinformatik (1994): Profil der Wirtschaftsinformatik, in: Wirtschaftsinformatik, 36. Jg., Heft 1, 1994, S. 80 – 81.

Wittmann, Waldemar (1959): Unternehmung und unvollkommene Information: Unternehmerische Voraussicht – Ungewißheit und Planung, Köln, Opladen 1959.

Anhang A – Finanzwirtschaftliche Perspektive

Das implementierte Datenmodell der finanzwirtschaftlichen Perspektive findet sich in Ausschnitten dargestellt im *Outline Editor* in Abbildung A – 1. Dieses wird zugleich für einführende Erklärungen benutzt.

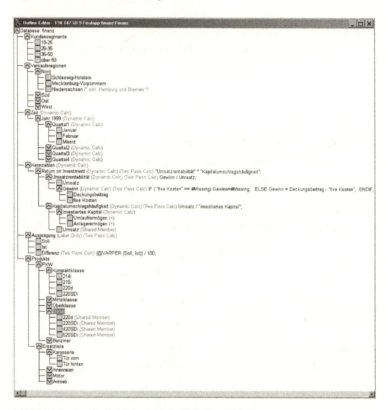

Abbildung A – 1:   Outline finanzwirtschaftliche Perspektive

Zu sehen ist eine baumartige Struktur mit der als Wurzel fungierenden Datenbank „finanz“. Deren nachfolgende Knoten stellen die einzelnen Dimensionen dar, die sich weiter in die entsprechenden Dimensionspositionen gliedern. Die Eigenschaften dieser Dimensionspositionen werden in Klammern hinter der jeweiligen Knotenbezeichnung aufgeführt.

Beispielsweise bedeutet „Dynamic Calc“, daß die sich aus einer Aggregation oder komplexeren Formel berechnende Variable nicht dauerhaft, sondern nur beim Anfordern durch den Endanwender kalkuliert wird. Letztendlich wird dadurch Festplattenspeicher gespart, aber andererseits für zügiges Ausführen komplexer Abfragen performante Hardware benötigt.

Der Schalter „Two Pass Calculation" verhindert falsche Ergebnisse bei der Berechnung von Werten für Variablen, die nicht durch einfache Aggregation erzeugt werden. Liegt z.b. eine Umsatzrentabilität von 10% für alle Fahrzeugklassen vor, so würde eine Aggregation dieser Werte zur Dimensionsposition PKW für drei Fahrzeugklassen zu einer Gesamt-Umsatzrentabilität von 30% führen. Erst die erneute Berechnung nach der explizit angegebenen Formel ergibt den richtigen Wert von 10%.

Die Eigenschaft „Label Only" weist einem Dimensionsattribut lediglich Anzeigefunktion zu und führt für dieses keine Aggregation oder sonstige Berechnung durch.

Das Konzept des „Shared Member" wurde schon in Abschnitt 5.3.1.3 erläutert; aufgezeigt wird die Referenz auf ein gleichnamiges Dimensionsattribut in einer parallelen Hierarchie, um eine Mehrfachkalkulation zu vermeiden.

Hinter den Eigenschaften des Dimensionsattributes ist die schon angesprochene Berechnungsvorschrift angegeben. Ist keine explizite Formel hinterlegt, ergibt sich der Wert aus der Aggregation der Dimensionspositionen der nächsthöheren Generation.[393] Beispielhaft ist dies für die Dimensionsposition investiertes Kapital eingeblendet, die sich aus der Summe von Anlagevermögen und Umlaufvermögen ergibt. Die Formel der Dimensionsposition Differenz bewirkt das Berechnen einer prozentualen Abweichung der Werte für Soll und Ist (Variance [Percent]). Die hinter der Variable Gewinn stehende Formel besagt, daß bei Nichtvorhandensein der fixen Kosten für einige Dimensionsattribute der detailliertesten Ebene einer Dimension kein Gewinn aus der bloßen Übernahme der Variable Deckungsbeitrag berechnet wird, sondern die entsprechenden Zellen leer bleiben. Dadurch wird u.a. erreicht, daß bei einem benutzergesteuerten Ausblenden der leeren Zellen die entsprechenden Dimensionsattribute nicht angezeigt werden.

---

[393] Die Nummer der Generation steigt mit zunehmendem Detaillierungsgrad an und beginnt in der Wurzeln mit einem Wert von eins.

Die folgende Abbildung stellt die Endbenutzersicht auf die wesentlichen Kennzahlen der finanzwirtschaftlichen Perspektive für den Endbenutzer dar. Die Dimensionen Kennzahlen, Zeit und Ausprägung sind beispielhaft aufgegliedert, während die restlichen Dimensionen (Kundensegmente, Verkaufsregionen und Produkte) nur die vollständig verdichteten Dimensionsattribute zeigen. An dieser Stelle ist anschaulich dargestellt, wie die Visualisierung von mehr als zwei Dimensionen im zweidimensionalen Tabellenblatt erfolgen kann (was in dieser als Nesting bezeichnet wird). Das Ein- bzw. Ausblenden bestimmter Dimensionsattribute kann z.B. durch die untere Symbolleiste erfolgen, die zum *Essbase Add-in* für die Standardanwendung *Excel* gehört.

D29 = 68,0067602286469%

		Kundensegmente	Verkaufsregionen	Produkte
		Soll	Ist	Differenz
Umsatz	Quartal1	163.514.893,00	162.694.499,00	0,5%
	Quartal2	164.340.266,00	165.686.403,00	-0,8%
	Quartal3	162.968.130,00	163.181.311,00	-0,1%
	Quartal4	164.373.275,00	163.688.352,00	0,4%
	Jahr 1999	655.196.564,00	655.250.565,00	0,0%
Gewinn	Quartal1	90.187.741,00	92.930.771,00	-3,0%
	Quartal2	92.081.205,00	91.156.156,00	1,0%
	Quartal3	93.549.252,00	92.480.535,00	1,2%
	Quartal4	91.655.628,00	93.890.216,00	-2,4%
	Jahr 1999	367.473.826,00	370.457.678,00	-0,8%
Umsatzrentabilität	Quartal1	55,2%	57,1%	-3,4%
	Quartal2	56,0%	55,0%	1,8%
	Quartal3	57,4%	56,7%	1,3%
	Quartal4	55,8%	57,4%	-2,8%
	Jahr 1999	56,1%	56,5%	-0,8%
investiertes Kapital	Quartal1	155.943.023,00	170.214.685,00	-8,4%
	Quartal2	139.188.647,00	134.039.845,00	3,8%
	Quartal3	115.256.073,00	161.114.638,00	-28,5%
	Quartal4	199.371.348,00	218.333.763,00	-8,7%
	Jahr 1999	609.759.091,00	683.702.931,00	-10,8%
Kapitalumschlagshäufigkeit	Quartal1	1,05	0,96	9,7%
	Quartal2	1,18	1,24	-4,5%
	Quartal3	1,41	1,01	39,6%
	Quartal4	0,82	0,75	10,0%
	Jahr 1999	1,07	0,96	12,1%
Return on Investment	Quartal1	57,8%	54,6%	5,9%
	Quartal2	66,2%	68,0%	-2,7%
	Quartal3	81,2%	57,4%	41,4%
	Quartal4	46,0%	43,0%	6,9%
	Jahr 1999	60,3%	54,2%	11,2%

Abbildung A – 2: Kennzahlen finanzwirtschaftliche Perspektive 1

Die nächste Abbildung zeigt anschaulich die Art der Darstellung für leere Zellen. Da sowohl für die fixen Kosten auf der Ebene Fahrzeugklassen bzw. Verbrennungstyp der Dimension Produkte als auch auf der detailliertesten Ebene der Dimension Kundensegmente keine Werte existieren, wird der Wert #Missing angezeigt. Würden Zellen, die keine Werte enthalten, durch den Benutzer ausgeblendet, werden auch die entsprechenden Dimensionsattribute nicht angezeigt. Die Darstellung der fixen Kosten erfolgt in diesem Fall in den Dimensionen Verkaufsregionen und Kundensegmente für die am meisten verdichtete Dimensionsposition, in der Dimension Produkte für die Dimensionsattribute PKW und Ersatzteile, in der Dimension Zeit für die Dimensionsattribute Monate und in der Dimension Ausprägung für das Attribut Ist.

Der Deckungsbeitrag existiert dagegen auf allen hier betrachteten Ebenen.

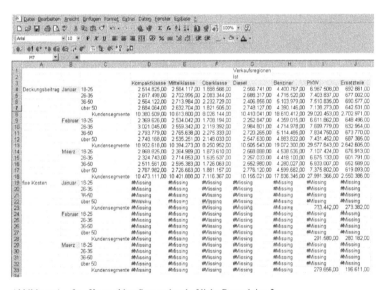

Abbildung A – 3:   Kennzahlen finanzwirtschaftliche Perspektive 2

Anhang B – Kundenperspektive

Das in der folgenden Abbildung dargestellte Outline zeigt Ausschnitte aus dem logischen Modell der Kundenperspektive, implementiert in *Essbase*.

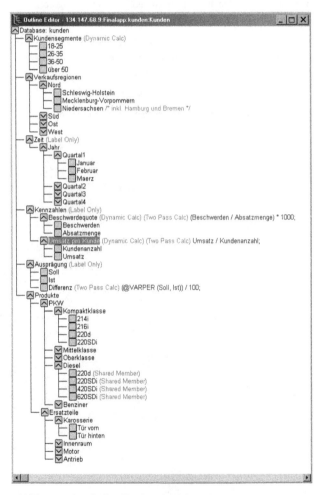

Abbildung A – 4:   Outline Kundenperspektive

Interessieren nur die Spitzenkennzahlen der Kundenperspektive, erhält man eine der Abbildung A – 5 gleichende Tabelle. Alle Dimensionen bis auf die Dimensionen Kennzahlen und Ausprägung sind dabei vollständig verdichtet. Die Ist-Beschwerdequote lag somit im gesamten betrachteten Jahr für alle Kundensegmente, Verkaufsregionen und Produkte bei 31,27 Stück auf 1000 Stück abgesetzter PKW bzw. Ersatzteile.

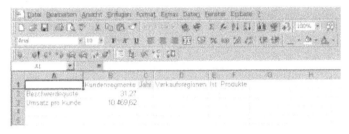

Abbildung A – 5:   Kennzahlen Kundenperspektive 1

Allerdings ist auch an dieser Stelle ein Drill-down möglich, der beispielsweise das folgende Bild liefern könnte. Auch an dieser Stelle ist deutlich zu sehen, wie mehr als zwei Dimensionen auf einem zweidimensionalen Tabellenblatt dargestellt werden können.

		Kundensegmente Ist		Produkte		
		Quartal1	Quartal2	Quartal3	Quartal4	Jahr
Nord	Beschwerden	9.793,00	9.539,00	9.656,00	9.597,00	38.584,00
	Absatzmenge	300.137,00	293.318,00	301.947,00	303.825,00	1.199.227,00
	Beschwerdequote	32,63	32,52	31,98	31,59	32,17
	Kundenanzahl	36.478,00	38.761,00	37.054,00	37.826,00	150.119,00
	Umsatz	403.097.289,00	391.424.914,00	415.860.780,00	395.591.120,00	1.605.974.103,00
	Umsatz pro Kunde	11.050,42	10.098,42	11.223,10	10.456,18	10.698,01
Süd	Beschwerden	6.135,00	6.554,00	6.580,00	6.176,00	25.445,00
	Absatzmenge	203.815,00	205.706,00	211.337,00	200.880,00	821.738,00
	Beschwerdequote	30,10	31,86	31,14	30,74	30,96
	Kundenanzahl	25.728,00	25.147,00	26.211,00	26.211,00	103.297,00
	Umsatz	257.939.088,00	269.048.482,00	254.659.240,00	263.421.676,00	1.045.068.486,00
	Umsatz pro Kunde	10.025,62	10.699,03	9.715,74	10.050,04	10.117,12
Ost	Beschwerden	12.194,00	12.231,00	12.467,00	13.036,00	49.928,00
	Absatzmenge	417.701,00	400.752,00	402.237,00	400.185,00	1.620.875,00
	Beschwerdequote	29,19	30,52	30,99	32,57	30,80
	Kundenanzahl	49.338,00	50.995,00	50.275,00	49.120,00	199.728,00
	Umsatz	531.408.486,00	520.979.487,00	521.202.062,00	537.307.525,00	2.110.897.560,00
	Umsatz pro Kunde	10.770,77	10.216,29	10.367,02	10.938,67	10.568,86
West	Beschwerden	12.550,00	12.707,00	12.505,00	12.934,00	50.696,00
	Absatzmenge	409.322,00	405.095,00	402.406,00	406.681,00	1.623.504,00
	Beschwerdequote	30,66	31,37	31,08	31,80	31,23
	Kundenanzahl	48.995,00	51.815,00	51.357,00	51.431,00	203.598,00
	Umsatz	532.924.945,00	539.083.385,00	529.286.545,00	512.607.102,00	2.113.901.977,00
	Umsatz pro Kunde	10.877,13	10.404,00	10.306,03	9.966,89	10.382,72
Verkaufsregionen	Beschwerden	40.672,00	41.030,00	41.208,00	41.743,00	164.653,00
	Absatzmenge	1.330.975,00	1.304.871,00	1.317.927,00	1.311.571,00	5.265.344,00
	Beschwerdequote	30,56	31,44	31,27	31,83	31,27
	Kundenanzahl	160.539,00	166.718,00	164.697,00	164.588,00	656.742,00
	Umsatz	1.725.369.808,00	1.720.536.268,00	1.721.008.627,00	1.709.927.423,00	6.875.842.126,00
	Umsatz pro Kunde	10.747,36	10.320,04	10.436,87	10.383,06	10.469,62

Abbildung A – 6:   Kennzahlen Kundenperspektive 2

Anhang C – Interne Perspektive

Auch ein Ausschnitt des logischen implementierten Modells der internen Perspektive soll an einer Abbildung gezeigt werden. Es handelt sich hierbei lediglich um die vier Dimensionen, die für die interne Betrachtung von Interesse sind.

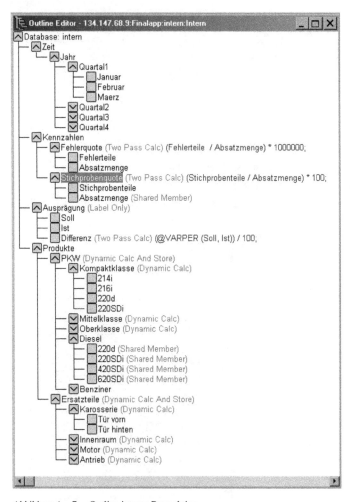

Abbildung A – 7:   Outline interne Perspektive

Die Betrachtung der Spitzenkennzahlen aus der internen Perspektive liefert ein der Kundenperspektive ähnliches Ergebnis. Betrachtet werden die Fehler- und die Stichprobenquote in ihren Istwerten über das gesamte Jahr für alle Produkte.

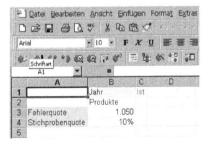

Abbildung A – 8:   Kennzahlen interne Perspektive 1

Ebenso ist auch hier ein Navigieren entlang der Konsolidierungspfade möglich, das die Zusammenhänge zwischen den einzelnen Dimensionspositionen erkennen läßt. Die Fehlerquote setzt sich dabei aus den fehlerhaften Teilen (Fehlerteile) und der Absatzmenge zusammen, wohingegen sich die Stichprobenquote aus den Stichprobenteilen und ebenfalls der Absatzmenge berechnet. Gezeigt ist dies anhand der Abbildung A – 8.

		Kompaktklasse	Mittelklasse	Oberklasse	Diesel	Benziner	PKW	Ersatzteile	Produkte
Fehlerteile	Januar	2	4	1	1	6	7	6	13
	Februar	3	3	2	3	5	8	4	12
	Maerz	0	3	1	2	2	4	5	9
	Quartal1	5	10	4	6	13	19	15	34
	Quartal2	6	8	3	7	10	17	16	33
	Quartal3	6	6	3	6	9	15	16	31
	Quartal4	6	9	8	9	14	23	15	38
	Jahr	23	33	18	28	46	74	62	136
Absatzmenge	Januar	2053	1489	2367	2557	3352	5909	3806	9715
	Februar	2678	1641	2030	2714	3635	6349	5386	11735
	Maerz	1574	1736	2097	2096	3311	5407	4576	9983
	Quartal1	6305	4866	6494	7367	10298	17665	13768	31433
	Quartal2	4545	6500	4637	5184	10398	15582	15284	30866
	Quartal3	6430	5316	4823	7758	8811	16569	17857	34426
	Quartal4	7101	5421	4007	7408	9123	16529	16301	32830
	Jahr	24381	22103	19861	27715	38630	66345	63210	129555
Fehlerquote	Januar	974	2.686	422	391	1.790	1.185	1.576	1.338
	Februar	1.120	1.828	906	1.105	1.376	1.260	743	1.023
	Maerz	0	1.728	477	954	604	740	1.093	902
	Quartal1	793	2.055	616	814	1.262	1.076	1.089	1.082
	Quartal2	1.320	1.231	661	1.350	962	1.091	1.047	1.068
	Quartal3	933	1.129	622	773	1.021	905	896	900
	Quartal4	845	1.660	1.997	1.216	1.535	1.391	920	1.157
	Jahr	943	1.493	906	1.010	1.191	1.115	981	1.050
Stichprobenteile	Januar	229	112	100	145	296	441	454	895
	Februar	234	270	233	215	522	737	491	1228
	Maerz	294	209	109	274	338	612	406	1018
	Quartal1	757	591	442	634	1156	1790	1351	3141
	Quartal2	733	608	447	586	1202	1788	1621	3409
	Quartal3	459	679	456	638	958	1596	1528	3124
	Quartal4	633	592	294	504	1015	1519	1449	2968
	Jahr	2582	2470	1641	2362	4331	6693	6949	12642
Stichprobenquote	Januar	11%	8%	4%	6%	9%	7%	12%	9%
	Februar	9%	16%	11%	8%	14%	12%	9%	10%
	Maerz	19%	12%	5%	13%	10%	11%	9%	10%
	Quartal1	12%	12%	7%	9%	11%	10%	10%	10%
	Quartal2	16%	9%	10%	11%	11%	11%	11%	11%
	Quartal3	7%	13%	9%	8%	11%	10%	9%	9%
	Quartal4	9%	11%	7%	7%	11%	9%	9%	9%
	Jahr	11%	11%	8%	9%	11%	10%	9%	10%

Abbildung A – 9:   Kennzahlen interne Perspektive 2

Anhang D – Innovations- und Wissensperspektive

Die Darstellung der in dieser Betrachtung letzten Perspektive erfolgt analog der vorangegangenen. Abbildung A – 10 enthält somit zunächst einen Ausschnitt aus dem implementierten logischen Modell, das sich aufgrund der wenigen Dimensionen als sehr kompakt erweist.

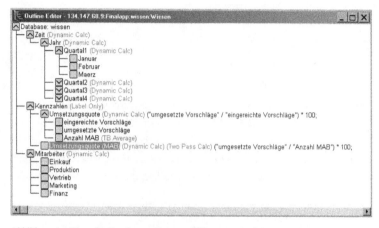

Abbildung A – 10:   Outline Innovations- und Wissensperspektive

Die Betrachtung der Spitzenkennzahlen ergibt wieder eine sehr komprimierte Darstellung. So lag z.B. die Umsetzungsquote der eingereichten Verbesserungsvorschläge für das betrachtete Gesamtjahr für alle Mitarbeiter bei 8,6%.

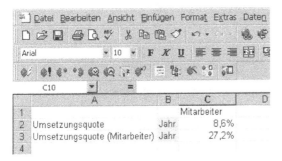

Abbildung A – 11:   Kennzahlen Innovations- und Wissensperspektive 1

Nach Belieben können auch diese drei Dimensionen weiter aufgegliedert werden, wie Abbildung A – 12 zeigt. Eine Umsetzungsquote pro Mitarbeiter von 135% weist beispielsweise darauf hin, daß – über das gesamte Jahr betrachtet – in der Einkaufsabteilung mehr als ein Vorschlag pro Mitarbeiter in den „Produktionsprozeß" einfließen konnte.

Abbildung A – 12:   Kennzahlen Innovations- und Wissensperspektive 2

Anhand der beiden folgenden Abbildungen kann aufgrund der überschaubaren Dimensionsstrukturen der Innovations- und Wissensperspektive anschaulich das Ergebnis nach einem bloßen Pivotisieren – also Drehen des Datenwürfels gezeigt werden. Es werden dabei lediglich die innenliegenden Dimensionen verdreht und die Kennzahlendimension eingebettet.

		Einkauf	Produktion	Vertrieb	Marketing	Finanz	Mitarbeiter
eingereichte Vorschläge	Quartal1	45	675	27	8	35	790
	Quartal2	48	530	42	15	43	678
	Quartal3	48	970	29	20	10	1077
	Quartal4	73	774	49	35	14	945
	Jahr	214	2949	147	78	102	3490
umgesetzte Vorschläge	Quartal1	4	27	2	0	8	41
	Quartal2	13	34	3	0	7	57
	Quartal3	6	75	4	3	45	133
	Quartal4	4	55	3	3	3	68
	Jahr	27	191	12	6	63	299
Anzahl MAB	Quartal1	20	1000	50	15	15	1100
	Quartal2	20	1000	50	15	15	1100
	Quartal3	20	1000	50	15	15	1100
	Quartal4	20	1000	50	15	15	1100
	Jahr	20	1000	50	15	15	1100
Umsetzungsquote	Quartal1	9%	4%	7%	0%	23%	5%
	Quartal2	27%	6%	7%	0%	16%	8%
	Quartal3	13%	8%	14%	15%	450%	12%
	Quartal4	5%	7%	6%	9%	21%	7%
	Jahr	13%	6%	8%	8%	62%	9%
Umsetzungsquote (MAB)	Quartal1	20%	3%	4%	0%	53%	4%
	Quartal2	65%	3%	6%	0%	47%	5%
	Quartal3	30%	8%	8%	20%	300%	12%
	Quartal4	20%	6%	6%	20%	20%	6%
	Jahr	135%	19%	24%	40%	420%	27%

Abbildung A – 13:   Kennzahlen Innovations- und Wissensperspektive 3

		Quartal1	Quartal2	Quartal3	Quartal4	Jahr
eingereichte Vorschläge	Einkauf	45	48	48	73	214
	Produktion	675	530	970	774	2949
	Vertrieb	27	42	29	49	147
	Marketing	8	15	20	35	78
	Finanz	35	43	10	14	102
	Mitarbeiter	790	678	1077	945	3490
umgesetzte Vorschläge	Einkauf	4	13	6	4	27
	Produktion	27	34	75	55	191
	Vertrieb	2	3	4	3	12
	Marketing	0	0	3	3	6
	Finanz	8	7	45	3	63
	Mitarbeiter	41	57	133	68	299
Anzahl MAB	Einkauf	20	20	20	20	20
	Produktion	1000	1000	1000	1000	1000
	Vertrieb	50	50	50	50	50
	Marketing	15	15	15	15	15
	Finanz	15	15	15	15	15
	Mitarbeiter	1100	1100	1100	1100	1100
Anteil umgesetzter Vorschläge	Einkauf	9%	27%	13%	5%	13%
	Produktion	4%	6%	8%	7%	6%
	Vertrieb	7%	7%	14%	6%	8%
	Marketing	0%	0%	15%	9%	8%
	Finanz	23%	16%	450%	21%	62%
	Mitarbeiter	5%	8%	12%	7%	9%
umgesetzte Vorschläge / MAB	Einkauf	20%	65%	30%	20%	135%
	Produktion	3%	3%	8%	6%	19%
	Vertrieb	4%	6%	8%	6%	24%
	Marketing	0%	0%	20%	20%	40%
	Finanz	53%	47%	300%	20%	420%
	Mitarbeiter	4%	5%	12%	6%	27%

Abbildung A – 14:   Kennzahlen Innovations- und Wissensperspektive 4

Diplomarbeiten Agentur

Die Diplomarbeiten Agentur vermarktet seit 1996 erfolgreich
Wirtschaftsstudien, Diplomarbeiten, Magisterarbeiten, Dissertationen
und andere Studienabschlußarbeiten aller Fachbereiche und Hochschulen.

Seriosität, Professionalität und Exklusivität prägen unsere Leistungen:

- Kostenlose Aufnahme der Arbeiten in unser Lieferprogramm
- Faire Beteiligung an den Verkaufserlösen
- Autorinnen und Autoren können den Verkaufspreis selber festlegen
- Effizientes Marketing über viele Distributionskanäle
- Präsenz im Internet unter **http://www.diplom.de**
- Umfangreiches Angebot von mehreren tausend Arbeiten
- Großer Bekanntheitsgrad durch Fernsehen, Hörfunk und Printmedien

Setzen Sie sich mit uns in Verbindung:

Diplomarbeiten Agentur
Dipl. Kfm. Dipl. Hdl. Björn Bedey
Dipl. Wi.-Ing. Martin Haschke
und Guido Meyer GbR

Hermannstal 119 k
22119 Hamburg

Fon: 040 / 655 99 20
Fax: 040 / 655 99 222

agentur@diplom.de
www.diplom.de